國語國文學叢書 098

漢語抄

학자원

국어국문학총서 98
漢語抄

2018년 9월 15일 초판 1쇄 발행

저 자 : 미 상
펴낸이 : 김병환
펴낸곳 : 학자원
주 소 : 134-814 서울시 강동구 천호대로 1121
전 화 : 02) 6403-1000
팩 스 : 02) 6338-1001
E-mail : hakjaone@daum.net
등 록 : 2011년 3월 24일 제324-2011-14호

HAKJAONE Publishing Co.
1121 Cheonho-Daero Kangdong-Gu Seoul

ISBN : 979-11-6247-068-8 93810

값 30,000원

漢語

天

漢語 天

漢語抄

天文類

淸天(칭텬) ᄆᆞᆰ은하ᄂᆞᆯ ○晨光(천광) 새벽빗 ○東方明(둥방밍) 동트다 ○天大亮(텬다량) 하ᄂᆞᆯ채 ᄇᆞᆰ다 ○昏暮(훈무) 어둡다 ○晴明(칭밍) 일긔쳥명ᄒᆞ다 ○日光轉射(이광좐셔) 日光之照此應彼者

○日暖(이난) 일긔ᄃᆞᄉᆞᄒᆞ다 ○陰凉(인량) ᄀᆞ리워 늘진ᄃᆡ ○背陰(븨인) 응달 ○日升(이싱) ᄒᆡ도다 오ᄅᆞ다 ○日大斜(이다셰) ᄒᆡ ᄆᆡ이 기우다 ○日頭(이투) ᄒᆡ귀 엿골 ○日暈(이윤) ᄒᆡ人모로 ○日食(이시) ㅣㅣ

○月朗(웨랑) ᄃᆞᆯᄇᆞᆰ다 ○月暗(웨안) ᄃᆞᆯ흐리다 ○月芽(웨야) 초싱ᄃᆞᆯ ○上弦(샹햔) 쳣조금 ○下弦(햐햔) 조금 ○月圓(웨완) ᄃᆞᆯ두렷ᄒᆞ다 ○風曀(붕이) 有風而日光陰晦謂之ㅣㅣ ○北斗(버듀) ○星(싱)

光閃灼(광샨쇼) 별빗되록되록ᄒᆞ다 ○星密(싱미) 별비다 ○星稀(싱히) 별드무다 ○晨星(천싱) 落落(로로) 向晨星稀之貌 ○星移(싱이) 별옴다 ○星隕(싱윤) 별셔러지다 ○雲布(윤부) 滿(만)

구룸 피지다 ○雲花搭 화다 구룸조각 조각나다 ○天帶徽雲 탠대위윤 구룸역간 잇다 ○霞 햐

彩 채 노올지다 ○陰了 연랴 하놀 흐리다 ○火燒雲 호샤윤 힌ㅅ빗산여 븕은구룸 ○魚鱗雲 위린윤

ᄀᆞᄀᆞ고ㅅ ᄒᆞ구룸 ○雲收 윤쑤 구룸것다 ○下霧 햐우 안개지다 ○霧沉 우쳔 안개ᄂᆞ 조지다 ○下濃 햐농

霧 우 안개ᄌᆞ옥ᄒᆞ지다 ○霧收 우쑤 안개거두치다 ○雷鳴 뤼밍 우레ᄒᆞ다 ○轟雷 홍뤼 매오ᄒᆞᆫ우레

○焦雷 쟢뤼 급ᄒᆞᆫ우레 ○雷響 뤼갸 벽력ᄒᆞ다 ○打閃 다샨 번게ᄒᆞ다 ○電光閃灼 뎬광샨쇼

번게번득 번득ᄒᆞ다 ○霧水閃 루쉬샨 구룸뵈지아니ᄒᆞ고 번못의 번게뵈다 ○下雨 햐위 비오다 ○釀雨 냥위

비빗ᄎᆞ ○疎雨點點 수위댠댠 비ᄉᆞᆺ듯다 ○細雨濛濛 시위뭉뭉 비는개로오다 ○雨陣陣下 위쳔쳔햐

비뎨뎨오다 ○暴雨 밮위 驟雨 ○常日下雨 대이햐위 볓낫고 비오다 ○雨滿滿 위샨샨 비부ᄉᆞᆯ부슬오다

○雨起泡 위키퐈 비빵올ᄒᆞ다 ○滂沱雨 팡토위 큰비 ○盆傾雨 픈킹위 담아붓듯오ᄂᆞᆫ비 ○

霪雨 연위 장마ㅅ비 ○雨霑足 위잔주 비흡족ᄒᆞ다 ○雨少停 위샾팅 비져기머즉ᄒᆞ다 ○

陣頭雨 젼투위 비갈즈음에 혼 바람오는비 ○假陰天 갸연텬 흐린 날 ○虹現 홍햔 무지게 쒸다 ○虹 홍

消 샾 무지게 스다 ○下雹 햐밮 무뤼 오다 ○被雹打了 비밮다랴 무뤼 맛다 ○下露 햐루 이슬 나리다

○寒露 한루 秋分後降者 ○霜降 상걍 서리 오다 ○下雪 햐쉐 눈 오다 ○雪片 쉐퍈 눈송이

○米心雪 미신쉐 눈싸라기 ○風揚雪 봉양쉐 눈 보라치다 ○簷冰凌 얀빙링 곳어름 지다 ○雪 쉐

塵堅凍 맨갼둥 눈우희 도어다 ○雪融化 쉐융화 눈 녹다 ○雪花水 쉐화쉐 눈 녹은 물 ○

烟氣浮布 얀키부부 烟氣 퍼지다 ○寒氣凝結 한키닝개 凡物爲寒氣成霜者 ○遊絲 위스 아즈랑이

○旋風 쉰봉 회로리 보람 ○風起 봉키 부람 나다 ○逆風 잉봉 앏흐로셔 부는 부람 ○背風 븨봉

뒤흐로셔 부는 부람 ○倒搓風 닾찬봉 거두치는 부람 ○陣陣刮風 젼젼과봉 때때 부는 부람 ○迴風 휘봉

스면으로 부는 부람 ○風暢條 봉당턒 부람 부터나 모소리 나다 ○風揚塵 봉양쳔 부람에 듣글 니다 ○沙被 샤비

風勢 봉위 부람에 브ᄅ 리여 도히다 ○風平了 봉핑랴 부람 적이 더ᄂ흐다 ○風息 봉시 부람 자다 ○

時令部

時令類

甲갸 干之始 ○乙이 干之第二 ○丙빙 干之第三 ○丁딩 干之第四 ○戊우 干之第五

○己기 干之第六 ○庚궁 干之第七 ○辛신 干之第八 ○壬인 干之第九 ○癸귀 干之終 ○子즈 支之始

○丑척 支之第二 ○寅연 支之第三 ○卯먀 支之第四 ○辰천 支之第五 ○巳스 支之第六

○午우 支之第七 ○未위 支之第八 ○申선 支之第九 ○酉의 支之第十 ○戌쉬 支之第十一 ○

亥해 支之終 ○先前샨챤 曾前 ○早已잔이 何曾 ○起根긔근 본디 ○當初당추 ㅣㅣ ○

頭一箇투이거 위두흔 것 ○預前위챤 未事之前 ○預先위샨 미리 ○使先시샨 使之先之 ○

現今햔긴 目今 ○隨卽쉬지 旋卽之義 ○方纔방채 又 ○卽刻지커 즉시 ○忽然후샨

間간 이훈엔 ○猝然추샨 急遽之意 ○至今지긴 이제엇 ○少遲샤지 져기지정 ○直至지지

다도록 ○後來후래 將來 ○本命年븐밍냔 환갑해 ○整年정냔 온해 ○某年무냔

的디 아모리 ○前챤年냔 그럿리 ○本본年냔 當年 ○去귀年냔 上年 ○明망

年냔 면래 ○豊붕年냔 곡셕잘된히 ○饑기年냔 흉년 ○澇랖 물이다시 ○亢캉旱한

므ᄀ 국리ᄀ ○春츈 봄 ○夏햐 녀름 ○秋칙 ᄀ올 ○冬둥 겨올 ○正졍月웨 一歲

首ᄀ月 ○月웨大다 ᄃᆞᆯ크다 ○月웨小쌰 ᄃᆞᆯ젹다 ○閏윤月웨 윤ᄃᆞᆯ ○月웨初츄 초싱 ○

月웨盡진 그믐 ○每메月웨 每朔 ○累뤼月웨 여러ᄃᆞᆯ ○前쳔月웨 지ᄂᆞᆫᄃᆞᆯ ○上상月웨 去月

○今긴月웨 이ᄃᆞᆯ ○本본月웨 當月 ○下햐月웨 來月 ○元완朝잔 正月初一日 ○上상元완 正月十五日

○二月을웨 二月을이 月日俱當二數故稱爲節日 ○淸칭明밍 冬至後一百六日爲寒食 ○端둰午우 五月初五日 ○

伏부日 伏 ○七치夕시 七月七日 ○中즁秋칙 八月十五日 ○重충陽양 九月九日 ○臘라八바 十二月初八日

高王 後臘 ○除츄夕시 臘月晦日 ○昔시日이 녯날 ○吉기日이 됴흔날 ○凶흉日이 흉흔날 ○

後흐日이 모릭 ○初츄一이 초ᄒᆞᄅᆞ ○朔쇼日이 月光復蘇謂之朔 ○早잔早잔的디 絶早 ○

傍방 早잔 이 일즉 ○傍방 午우 나조 ㅅ엣 ○晩완 텩 져녁 ○夜야 밤 ○整정 夜야 온 밤 ○

通통 宵샾 붉도록 ○時시 辰천 通俗八刻爲一時 ○按안 時시 새맛초아 ○起기 更깅 평명시 작ᄒᆞ다

○亮량 鐘중 과루 ○大다 熱여 큰더위 ○焦잔 熱여 ᄐᆞᄂᆞᆫᄃᆞᆺ 시덥다 ○潮챠 熱여 ᄂᆞ슉히 덥다

○蒸졍 熱여 ᄶᅵᄂᆞᆫᄃᆞᆺ 시덥다 ○徹쳐 骨구 寒한 ᄲᅧ ᄉᆞ ᄆᆞᆺ치 칩다 ○涼량 爽솽 셔늘ᄒᆞ다 ○上샹

凍둥 时시 어름 얼 ᄯᅢ ○大다 冷릉 큰치위 ○成청 氷빙 어름 어다 ○氷빙 凍둥 成청 縷류

쓸어 름 지다 ○中즁 流류 凍둥 위 兩边成凍 中间水流 ○氷빙 結게 成청 凍둥 어름어러 트게되다 ○

氷빙 凍둥 極기 堅갼 어름 미이 굿다 ○氷빙 裂래 成청 紋운 어름 터져 금나다 ○氷빙 裂래 到도 底디

어름 비여 러 터지다 ○氷빙 凍둥 鼓구 起키 어름 어려 두러지다 ○漫만 流리 積지 凍둥 덧어름 지다

○氷빙 窟쿠 窿룽 어름 구무 ○氷빙 酥수 어름 서벅ᄒᆞ다 ○氷빙 化화 碎쉬 乳룽 어름 녹아

구무 지다 ○冰리 澌스 성에 흐르다 ○氷빙 觧개 어름 플리다 ○融슝 化휘 通稱 녹다 ○

地部

氷滑處 빙화츄 넌데 ○ 浮面澱化 부먄뎬화 짓낟 녹다 ○ 光滑 황화 르흔것 ○ 滑跐 화즈 믯그러지다

○ 偏坡滑處 편포화츄 넌데신 비탈 ○ 滑跌 화뎨 믯그러너머지다 ○ 連連跐滑 련련즈화 믯그러뎌 것삽치 못ᄒᆞ다 ○

地輿類

地 디 ○ 地潮 디챠 ᄯᅡ 축축ᄒᆞ다 ○ 地乾透 디간투 ᄯᅡ ᄉᆞ못 모르다 ○ 春地酥 춘디수 봄ᄯᅡ 무력무려ᄒᆞ다 ○

爛泥地 란니디 쉬눈 ᄯᅡ ○ 鹼鹽地 쟌얀디 소음나는 ᄯᅡ ○ 鹼地 쟌디 ᄯᅡ ○ 本地 번디 본향 ○ 粘

泥 니 진흙 ○ 膠泥 쟢니 황토 ○ 酥土 수투 버석버석흔흙 ○ 鼓堆土 구뒤투 두두록흔흙 ○ 鬆

土 투 보ᄉᆞᄉᆞ흔흙 ○ 草坯子 찬피즈 뗏ᄉᆞ뎡이 ○ 塵埃 쳔애 틔ᄭᅳᆯ ○ 飛塵 뵈쳔 놀리ᄂᆞᆫ 몬지 ○

曠野 쾅여 너른 들 ○ 空地 쿵디 뷘 ᄯᅡ ○ 積水荒地 지쉬황디 웅덩이 ○ 窪地 와디 우묵흔ᄯᅡ

○ 崎嶇不平 키쥐부핑 긔구ᄒᆞ여 평치 아니ᄒᆞ다 ○ 塔子頭 타즈두 흙과 돌이 뭉친것 ○ 水草 쉬찬

甸子 뎐즈 小草 난 들안 ○ 欄泥 란니 즌퍼리 ○ 地發軟 디바완 셔무뎌무러ᄒᆞ다 ○ 顫動 챤둥

地 디 쿠렁쿠렁ᄒᆞᆫ ᄯᅡ ○ 青苔 칭태 이ᄭᅵ ○ 地起皮 디키피 ᄯᅡ히 멍개 몰나다 ○ 平矮山 핑애산

ᄂᆞ즌 뫼 ○ 風水 봉쉬 地理之通稱 ○ 山擁成岡 산융청강 뫼 모래 연ᄒᆞ여 되다 ○ 山脊 산지 뫼ㅅ등 ○

山坡 산포 뫼ㅅ비탈 ○ 山脇 산혀 뫼ㅅ녑 ○ 山嘴 산쥐 뫼ㅅ부리 ○ 山腿 산퉤 ○ 山陽 산양 山南

阜山 ○ 山陰 산인 山北 ○ 山灣 산완 曲僻處 쥐비츄 뫼ㅅ구븨 숨은 곳 ○ 陡壁 두비 놉흔 석벽 ○

山峭 산챠 崖 애 뫼ㅅ벼로 ○ 頂 딩 뫼ㅅ곡뒤 ○ 嶔坎 치칸 색가지른 듯ᄒᆞᆫ 데 ○ 獸徑 식깅 즘싱 ᄃᆞ니ᄂᆞᆫ 길

○ 礦 쿵 採金銀銅鐵之處 ○ 煤窯 믜얀 석탄 ᄂᆞᄂᆞᆫ 곳 ○ 磚瓦窯 좐와얀 벽과 지새 굽ᄂᆞᆫ 곳 ○

磁器窯 스키얀 사긔 굽ᄂᆞᆫ 곳 ○ 吸鐵石 히톄시 磁石 ○ 細石 시시 ᄌᆞᆨ은 돌 ○ 粗石 추시 굵은 돌

발ᄭᅳ리ᄂᆞᆫ 돌 ○ 采石 채시 文石 ○ 艾葉青石 애여칭시 ᄶᅮᆨ빗 돌 ○ 虎皮石 후피시 어룽돌 ○ 木

變石 밴시 木角木物入水年久變爲石可以磨鐵者 ○ 麵石 맨시 거ᄉᆡ 돌 ○ 磨刀石 모닾시 숫돌 ○ 火石 호시

부싀ㅅ돌 ○ 澄청下해去큐 마라안ᄯᅡ ○ 水싊泳류渟팅處츄 물흐르다 ○ 水싊漲쟝出츄 물넘

다 ○ 水싊漫만出츄 시위나다 ○ 水싊[illegible]出츄 물ᄯᅥ다 ○ 水싊落로 물주다 ○ 水싊滲션

물ᄂᆞ되다 ○ 淵 水中可居之地 ○ 潮챠來래 물미다 ○ 潮챠退퉤 물혀다 ○ 汀팅 水際平地

日 ○ 小쇼河호溝구 내시 ○ 河호身션 물몰 ○ 兩량河호會휘處츄 兩水合流處 ○ 河호汊차 물ㅅ

래 ○ 河호港향 물ㅅ녁 ○ 井징盤판槃갸 나모로ᄀᆞ온우물우리 ○ 大다水싊漩쉰處츄 물깁허도는곳

○ 緊긴溜릭 급흔물ᄭᅵ ○ 水싊沫모 물거품 ○ 河호灘단 물엿고石만잇는곳 ○ 水싊壅융住쥬 물막

혀엿다 ○ 水싊淤쉬沙샤 물에뫼이여모래모히다 ○ 被비水싊沖츙涮쉔 물에뫼이여ᄯᅥ러지다 ○ 沖츙

決캐 물질너터지다 ○ 掘캐開캐 물ㅅ길ᄂᆞ다 ○ 使예水싊乾간 물므르게ᄒᆞ다 ○ 水싊渲츙石씨縫붕直지

冒모 물이돌틈으로소시나다 ○ 河호崖얘 물ㅅ마 ○ 堤디 築土石防水曰堤 ○ 壩바 築堤障水曰壩 ○

埽산 雜木為防和土以捍水曰埽 ○ 土투牛뉴 물ㅅ마ᄒᆞ는두덕이 ○ 馬마頭투 창션 ○ 渡두河호 물건너다 ○

帝王部

湯탕水쉬 揭衣涉水 ○到됴對뒤岸안 저 언덕에 닷다 ○來래此ᄎᆞ岸안 이 언덕에 오다 ○河호內늬

洗시澡잔 내ᄉᆞ믈에셔 목욕ᄒᆞ다 ○狗구刨팦兒얼 사ᄅᆞᆷ이 개헤옴ᄒᆞ다 ○扎쟈猛믕子즈 믈ᄌᆞᄆᆡ악ᄒᆞ다

○牲셩口쿠過고河호 즘ᄉᆡᆼ믈에 혀여 건너다 ○浮부漂퍞 ᄯᅳ다 ○沉천溺니 ᄲᅡ지다 ○上샹頭투

리 웃마 ○下햐首쉬 아래 녁 ○往왕東둥로 東으로 ○往왕西시로 西으로 ○一이順슌 셰대로

○從충旁팡邊뱐로 뎟ᄒᆞᆫ ○邊뱐角깊 ᄆᆞᆺ ○那나邊뱐 뎌편 ○這져邊뱐 이편

帝王類

皇황帝디 〃 ○皇황上샹 〃 ○萬완歲쉬 曰〃 稱皇帝 ○皇황太태子즈 〃 ○皇황

子즈 東及封爵之稱 ○和호碩쇼親친王왕 宗 和碩親王卽封爵分十四等第一等 ○多도羅로郡쥔王왕 三等 宗室

○長장子즈 郡王之嗣子 四等宗室 ○多도羅로貝뵈勒러 五等 宗室 ○固구山샨貝비子즈 六等 宗室 ○奉봉

恩은鎭젼國궈公궁 七等 宗室 ○奉봉恩은輔부國궈公궁 八等 宗室 ○不부入유八바分븐鎭젼國궈公궁

九等宗室○不[부]入[유]八[바]分[분]輔[부]國[궈]公[궁] 宗室十等○鎭[전]國[궈]將[장]軍[쥔] 宗室十一等○輔[부]國[궈]

將[쟝]軍[쥔] 宗室十二等○奉[봉]國[궈]將[쟝]軍[쥔] 宗室十三等○奉[봉]恩[은]將[쟝]軍[쥔] 宗室十四等

○宗[즁]室[시] 太祖以下皇帝之子孫腰束黃帶子○覺[갸]羅[로] 顯祖以上皇帝之子孫腰束紅帶子○固[구]倫[룬]

額[어]駙[부] 駙馬尚固倫公主者○和[호]碩[쇠]額[어]駙[부] 駙馬尚和碩公主者○郡[쥔]主[쥬]儀[이]賓[빈] 和碩親王

之婿○縣[햔]主[쥬]儀[이]賓[빈] 多羅郡王之婿○郡[쥔]君[쥔]儀[이]賓[빈] 多羅貝勒之婿○縣[햔]君[쥔]

儀[이]賓[빈] 固山貝子之婿○鄉[향]君[쥔]儀[이]賓[빈] 鎭國輔國公之婿○皇[황]后[후]||○皇[황]

貴[귀]妃[븨]||○貴[귀]妃[븨]||○皇[황]太[타]子[즈]妃[븨]||○固[구]倫[룬]公[궁]主[쥬] 皇后所生之女

○和[호]碩[쇠]公[궁]主[쥬] 妃嬪所生之女及皇后撫養宗室女並封||||○郡[쥔]主[쥬] 親王女○縣[햔]主[쥬] 郡王

女○郡[쥔]君[쥔] 多羅貝勒之女○縣[햔]君[쥔] 固山貝子之女○鄉[향]君[쥔] 鎭國輔國公之女○親[친]

王[왕]福[부]晉[진] 親王之妻○郡[쥔]王[왕]福[부]晉[진] 郡王之妻○貝[비]勒[러]福[부]晉[진] 貝勒之妻○貝[비]

子즈 福부 書진 國山具 子之妻 ○

諭旨部

諭旨部

旨지 皇旨 ○ 誥고 昭垂訓行曰ㅣ ○ 勅칙 申明職守曰ㅣ ○ 詔조 布告天下曰ㅣ ○ 敕칙 先朝之書 ○

恩은 恩典 ○ 賞상 賚賜 ○ 寶보 璽寶 ○ 節재 冊封時執而前引者 ○ 朶도 雲운 刻雲形之

光盛恩寵自天安門城上頒下者 ○ 雲운 盤반 刻雲形之盤以擎恩詔者 ○ 帶대 系계 皇帝皇子譜牒 ○ 玉옥 牒뎝

皇親譜牒每十年一修存者朱書亡殁墨書 ○ 勅칙 書셔 承襲官而出使官의게주는글 ○ 時시 憲헌 書셔 ㅣㅣ

ㅣ ○ 印인 信 印 ○ 關관 防방 ㅣㅣ印類狭而長者 ○ 鈕뉴 키 인꼭지 ○ 便편 인 신 ○ 鈐검 記기

比關防印差小者 ○ 條됴 記기 比鈐記差小者 ○ 王왕 命명 旗기 牌패 ㄴ旗와牌 過官의게주 ○ 信신 牌패

刻漢清等字於龍牌以爲票信者於口外及蒙古等事用之 ○ 憑빙 주는票文 給任文官 ○ 劄자 付부 주는票文 給任武官

○ 勅지 照쟈 주는票文 給出使官 ○ 合합 符부 驗符 ○ 勘양 文운 合합 符부 闕門符之勘刻者藏於大內

陰(연)文(문)合符(허부) 開門符之陰刻 考藏於各門

對表類

封(봉)誥(고) 冊封誥命 ○ 冊(책) 用金葉或玉 冊封妃王之文 ○ 誥命(명) 五品以上告身 ○ 勅(칙)命 六品以下告身 ○ 封 ㅣᄒᆞ다 ○ 受(슈)封 봉ᄒᆞ다 ○ 加(개)封 ㅣㅣ特恩 ○ 妣(비)封 應受封之人請移見父祖或本生父祖考 ○ 追(츄)封 追贈ᄒᆞ다 ○ 旌(지)表(표) ㅣㅣᄒᆞ다 ○ 給(기)謚(시)號(호) 謚號주다 ○ 太(태)師(ᄉᆞ) 正一品 太師傅保少師傅保太子太師傅保太子少師傅保皆不常設以待大臣加銜及追贈 ○ 太傅(부) 正一品 ○ 太保(보) 正一品 ○ 少(쇼)師(ᄉᆞ) 從一品 ○ 少傅 從一品 ○ 少保 從一品 ○ 太(태)子(ᄌᆞ)太師 從一品 ○ 太子太傅 從一品 ○ 太子太保 從一品 ○ 太子少師 正二品 ○ 太子小傅 正二品 ○ 太子少保 正二品 ○ 光(광)祿(록)大(다)夫(부) 正一品階 以下文官階 ○ 崇(숭)祿大夫 從一品階 ○ 資(ᄌᆞ)政(졍)大夫 正二品階 ○ 通(통)奉(봉)大夫 從二品階 ○ 通(통)議(의)大夫 正三品階 ○ 中(즁)義(의)大夫 從三品階 ○ 中憲(헌)大夫 正四品階 ○ 朝(조)

議(이)大夫(다부) 從四品階 ○奉(봉)政(졍)大夫(다) 正五品階 ○奉直(직)大夫 從五品階 ○承(승)德(더)郎(랑) 正六

品階 ○儒(유)林(린)郎 從六品階 ○文(문)林郎 正七品階 ○徵(징)仕(亽)郎 從七品階 ○修(슈)職(직)郎

正八品階 ○修職佐(조)郎 從八品階 ○登(등)仕郎 正九品階 ○登仕佐郎 從九品階 ○建(건)

威(위)大夫 正一品階 以下武反階 ○振(진)威大夫 從一品階 ○奮(우)顯(현)大夫 正二品階 ○武功(공)大

夫 從二品階 ○武義(이)大夫 正三品階 ○武翼(이)大夫 從三品階 ○昭(쇼)武大夫 正四品階 ○宣(션)

武大夫 從四品階 ○武德(더)郎 正五品階 ○武略(략)郎 從五品階 ○武信(신)郎 正六品階 ○

武信佐(조)郎 從六品階 ○奮(분)武郎 正七品階 ○奮武佐郎 從七品階 ○修武

郎 正八品階 ○修武佐郎 從八品階 ○一(이)品(픔)夫(부)人(인) 文武一品之妻 ○夫人 二品反之妻 ○

淑(슉)人 三品反之妻 ○恭(공)人 四品反之妻 ○宜(이)人 五品反之妻 ○安(안)人 六品反之妻 ○孺(유)人 七品反之妻 ○

以上文武並同 ○孝(효)子(즈) 〃 ○順(슌)孫(손) 〃 ○義(이)夫 妻亡不再娶曰〃 ○節(졔)婦(부) 夫死不嫁

設官部

曰ㅣ ○烈婦(럐) 夫亡而從死曰ㅣㅣ ○孝婦 善事舅姑曰ㅣㅣ ○孝女(햐) 善親不嫁曰ㅣㅣ ○貞女(뎐)

受聘後夫死不嫁曰ㅣㅣ ○烈女 受聘後夫亡而從死曰ㅣㅣ ○名宦(밍환) 做官有功德者曰ㅣㅣ ○鄉賢(향햔) 一鄉之賢

者曰ㅣㅣ ○義行(이힝) 男女同居者曰ㅣㅣ ○

旗分佐領類

旗(키)分(븐) 滿洲蒙古漢軍分隷各旗謂之ㅣㅣ ○八旗(바) 鑲黃正黃正白正紅鑲白鑲紅正藍鑲藍 ○滿洲(만쥐)都(두)

統(퉁) 滿洲旗分者總之稱 ○蒙古(믕구)都(두)統(퉁) 蒙古旗分者總之稱 ○漢軍(한쥔)都(두)統 漢軍旗分者總之稱

○左翼(조이) 鑲黃正白鑲白正藍四旗 ○右翼(우이) 正黃正紅鑲紅鑲藍四旗 ○鑲黃(샹황) 黃旗之鑲紅者 ○

正(쟝)黃 純黃旗 ○正白(버) 純白旗 ○正紅(훙) 純紅旗 ○鑲白 白旗之鑲紅者 ○鑲紅 紅旗之鑲

白者 ○正藍(란) 純藍旗 ○鑲藍 藍旗之鑲紅者 ○內府(뉘부)三旗(산키) 內務府亦有鑲黃正黃正白三旗

綠(루)旗 直隸各省本兵所屬之旗 ○甲喇(갸라) 合佐領爲ㅣ 總言部曲 ○頭(투)甲喇ㅣㅣ ○二(을)

甲喇(갸라) 丨丨 ○三甲喇(산) 丨丨 ○四甲喇(쓰) 丨丨 ○五甲喇(우) 丨丨 ○

蒙古頭甲喇(몽구 투갸라) 丨丨 ○蒙古二甲喇 丨丨 ○佐領(조링) 編百丁爲一佐領

言隊之內有牛录章京驍騎校漢軍校 ○勳舊佐領(훈구조링) 清初勳

前鋒漢軍領催馬步軍拜唐阿等屬

兵丁部分作隊使 ○世管佐領(씨관) 清初歸順者部分作隊仍使其子孫及領之

其子孫世領之 ○輪管(륜관)

佐領 兩姓互相管領之衆 ○公中佐領(궁중) 以衆官屬作隊者 ○內府佐領(내부) 內務府及

諸王貝勒 ○旗鼓佐領(치구) 內務府漢軍隊 ○管領(관) 府管之隊 內務府頭目所領之隊 ○高(고)

麗佐領 高麗被擄人作隊者 ○俄羅斯佐領(오로쓰) 俄羅斯歸順人作隊者 ○回子佐領(회즈)

回子歸順人作隊者 ○屬下(슈하) 通稱管下 ○察哈爾八旗(차하르바치) 蒙古部落之名大聰時來降崇德

作部分屬於八旗 將沿同 ○四十九旗(쓰씨구치) 蒙古諸種分作四十九旗 封爵賜分使居口外

置都統副都統以領之

○歸化城土默特二旗(귀화청 투머터 얼치) 崇德中土默特來降 於歸化城置二都統以領之後 使之世襲

○八十六旗바씨르투터기 韃子爲厄魯特所敗分散來降故康熙 ○附隸八旗부터바기
以之嗣於國封王貝勒使作八十六旗

厄魯特어루터 厄魯特噶爾丹蒙古康熙時親征之滅之軍中 ○清
俘口自劾擒縮以贖之編干口分扎哈雷旗內

海三十旗해산씨기 蒙古部落之名康熙時封貝勒使之 ○阿蘭善아란산
進貢雍正三年始作旗分

山厄魯特一旗산어루터이기 厄魯特一種康熙三十六年降之爲 ○西
旗分以陞封多羅貝勒處之阿蘭善山

藏唐古特장탕구터 名子 西邊蒙古雍正七年歸順勵崇佛 ○土爾투르
蒙古 君長以紧封公爵統于西藏大臣

扈特一旗투르후터이기 清海之一種康熙四十二年封固山貝 ○新投신투
勒乾隆十八年作旗分佐領統于總督

誠準噶爾十六旗청쥰가르씨르투터기 西北方部落準噶諸部互相殺伐
害人民互相尋找撈率衆依佛於封

王貝勒等爵 ○平定準噶爾厄魯特평정쥰가르어루터 西北方部落中最
仍作旗分 强悍者乾隆二十年

討平之獻俘太廟仍赦其 ○扎哈沁一旗자하친이기 乾隆二十年征準
酋封以王爵授之來歸 噶之時扎哈沁酋長

先爲來降特封公爵仍 ○烏良海十一旗우량해씨이기 準噶之類乾隆十
使領其所屬二千餘口 九年其酋長率属

9a

部落慕化來降者仍作旗分○哈番(하미하之이끼)因子一旗 康熙三十六年來降者宜使其稟帥屬投誠以管之

○土番(토번하之이끼)因子一旗 雍正十年以其主戰手殺其主戰功故封王世襲 ○投于哈密大臣

功特屬旗分封爵○新(신)投(투)誠(셩)因子 乾隆二十四年來降特封賜爵仍領其衆 王貝勒公扎爵食之皇城

屬于理藩院○平(평)定(뎡)因子 舉華伊犁十餘城討平之後使其諸酋仍主其牌並大臣以領之○進

首[?]回子 即平定回子也總領大臣每年輪流各牌回子使至土物○

臣宰類

大(대)臣(신) 文武大臣○大學士(대혹ᄉᆞ) 內閣之首贊理通籍一一 兼務表率百寮○軍機(군긔)大臣 掌樞審事○御前(어젼)大臣 近侍大臣○領(령)侍(시)衛(위)內大臣 總領侍衛之大臣○

內大臣一一○議政(의졍)大臣 大臣中參贊政事者○散秩(산질)大臣 散班大臣○

首輔[?]大臣 元老大臣○原品(원픔)致仕大臣 休致大臣○宗令(종령) 總領宗人府事

親王郡王兼之 ○宗正(정) 宗令之次員 勤兼之 ○宗人(인) 宗正之次員 勤及兼之 ○文(운)大臣

大學士九卿兼之 ○九卿(구경) 之部尚書都察院都御史通政司使大理寺卿謂之九卿 ○尚書(상서) 總領

事務 院 ○侍郎(시랑) 尚書之次 ○左都御史(좌도어사) 總領都察院事務 ○右都御史 左都御史之次

總協加銜 ○副都御史(부도어사) 左都御史之次 ○學士(학사) 大學士之次 侍讀侍講 ○掌衛

事(以)大臣 總衛事務 總管鑾儀衛 ○內務府總管(내무부총관) 總管內務府事務 ○武備(무비)

院卿(원경) ○總管 總管武備院事務 ○上駟院卿(상사원경) 總管上駟院事務 ○武大臣(무대신) 都統前鋒統領

護軍統領副都統 ○經略(경략) 管轄大臣受命鎮邊者 ○將軍(장군) 統領 統轄協外夷 統轄內人統領軍隊者

兵臣 之任 ○參贊(참찬) 參贊大臣 參贊軍務之大臣 ○都統(도통) 總領一旗之大臣 ○副都統(부도통)

都統之次 ○前鋒(전봉) 前鋒統領 總領前鋒之大臣 ○護軍(호군) 護軍統領 總領護軍之大臣 ○

步(부)軍統領 總領皇城九門巡捕 三營都軍之大臣 ○世爵(세작) 有軍功世襲者 公侯伯子男輕

10a

車都尉 諸尉是諸尉亦有都尉雲○公공 一等○有軍功者 命九等而自公至輕車都尉各於之內又分三等 一等公二等公三

等公之○侯후 二等○伯백 三等○子자 四等○男남 五等○輕車都尉경거도위 六等○

驍騎都尉 七等○雲騎尉운 八等○恩騎尉은 九等○凡軍功襲爵之人代襲之後分爵

授七品階使○廕生음생 大臣蒙恩加襲代之世襲者 授其子爲一一○文官문관 卿以下雜職之上通稱一一○卿경

總爲議事之官○少卿소경 卿之次○侍讀學士시독학사 內閣之官學士之次○翰林院亦有之○

侍讀 內閣之官侍讀學士之次○翰林院亦有之○典籍전적 內閣之官掌典籍○

中書중서 內閣之官掌翻譯章奏○侍讀學士 翰林院之官 侍讀學士之下○侍講시강 翰林

院之官 侍講之次○修撰수찬 翰林院之官○編修편수 翰林院之官修撰之次○檢討검토 翰林

院之官編修之次○翰林한림 侍讀學士之下○庶吉士서길사 進士而選肄業者○博士박사

士 翰林院之官爲議尉之次○待詔대조 翰林院之官掌校○孔目공목 翰林之章奏文史

翰林院之官 掌收貯圖籍 ○詹事府 詹事總管該府 ○詹事府少

詹事 詹事之次 ○庶子 掌左右春坊 ○諭德 庶子之次 ○洗馬 掌詹

事府經籍 ○中允 諭德之次 ○贊善 中允之次 ○正字 判詹事府文字 ○通

政使 總管通政司事 ○通政副使 通政使之次 ○參議 副使之次 ○經歷

通政司郎官管廳務 ○宗人府都察院大理寺之 ○知事 通政司郎官參管廳務 ○寺丞 大理

寺分司事務 ○寺副 寺丞之次 ○署正 光祿寺官分掌大官珍饈良醞掌醢四署事務 ○

署丞 署正之次 ○祭酒 國子監之長官 ○司業 祭酒之次 ○監丞 司業之次 ○

助教 國子監之官掌各官學諸生 ○學正 助教之次 ○學錄 學正之次 ○教習 掌教

八旗官學文武之才 ○總管 領察學事 ○副管 領覺羅學事 ○給事中 六科之官

分掌注銷文簿 ○監察御史 分理各省刑名錢糧 察各部院官事務 ○郎中 郎中員外主事通謂

11a

之司皆掌清吏司事務 ○員원外외郎랑 郎中之次 ○主쥬事쓰 員外郎之次 ○都두事쓰 吏?

院郎皆參其務 ○讀두祝쥬官관 讀祝之官屬禮部 ○太常寺亦有之 ○贊잔禮리郎랑 掌贊

禮屬禮部 ○太常寺名有之 ○評핑事 大理寺之丞之次 ○司쓰庫쿠 各衙門掌庫之官 ○司務우

掌出納文書稽察督吏之官各衙門有之 ○司匠쟝 領工匠之官 ○提디牢랖 掌牢獄之官 ○司

獄위 管牢獄罪囚之官 ○典댄簿부 掌出入文移之官 ○主쥬簿 掌簿籍 ○大다使씨 管倉

庫錢糧之官 ○副부使 大使之次 ○筆비帖톄式씨 掌翻譯清漢文字者 ○各部院俱有之 ○庫

使 掌銀緞等庫之 ○侍씨衛위 戴孔雀翎侍衛者 ○御위前챈侍衛 侍衛中揀選近侍者 ○

乾깐清칭門믄侍衛 ||| ○侍衛班반領링 侍衛亦班首者 有六班各班有班領

蒙뭉古구事侍衛 ||| ○上샹駟쓰院완侍衛 ||| ○後

護후侍衛 ||| ○鑾롼儀이使 掌鑾之大 ○冠관軍귄使 鑾儀使之次 玉之次

雲麾使(운휘) 雲麾軍使之次 ○治儀正(지의정) 雲麾史之次 ○整儀尉(정의위) 治儀正之次

鑾鋼侍衛(란링시위) 侍衛之職 鑾鋼者 ○親軍校(친교) 親軍之長 ○護衛(호위) 王府勒[illegible]

王府長史(왕부장사) 管王府門戶之官 ○司儀長(사의장) 管府門戶之官 ○典儀(전의) 王府[illegible]

且勒子杖仗 [illegible]之官 ○散騎郎(산기랑) 王府[illegible]之官 ○王府隨侍(왕부수시) 隨從之官

管領(간령) 王府頭目 領隊伍者 ○司胙長(소쟝) 掌辦備祭物之次 ○司胙官 司胙之次

尙茶正(샹차정) 掌辦備茶之官 ○尙膳正(샹션정) 掌辦備膳之官 ○欽天監(친탄간) 監[illegible]

正 欽天監之官 ○欽天監副(부) 監正之次 ○五官正(우관정) 掌推曆象五行 七政之官

春官正(춘관정) 掌春令推步之官 ○冬官正(동관정) 掌冬令推步之官 ○靈臺郎(링대랑)

掌觀星辰之官 ○監候(감후) 靈臺郎之次 ○挈壺正(개호정) 掌漏壺之官 ○司晨(스신)

挈壺正之次 ○司書(스슈) 掌曆書刊印之官 ○天文生(탄운싱) 掌推步七政修[illegible]之官 ○太醫(태이)

院院使 長官 太醫院 ○太醫院院判 院丞之 ○御醫 太醫院醫官 ○

典樂 掌音樂之官 ○協律郎 協和音律者 ○司樂 奏樂音者 ○樂

舞生 作樂時執干羽舞者 ○序班 傳臚寺序班掌序百官之班位 ○僧官 領僧徒之

道官 領道士之 ○武官 前鋒校以下通稱 ○章京 武官有品級之稱 ○司

鑰長 掌鑰門鎖鑰者 ○前鋒參領 領前鋒之官 ○前鋒侍衛 前鋒

參領之 ○護軍參領 掌羽林之官 ○副護軍參領 護軍參領之

委護軍參領 副護軍參領之 ○參領 於甲喇 ○副參領 參領之

佐領 領一隊之官 ○前鋒校 先鋒隊長 ○護軍校 護軍隊長 ○驍

騎校 佐領之次以撥什庫 ○監修總裁官 總裁官典國史館纂修之事王及大臣為之

副總裁官 總裁官之次 ○纂修官 副總裁官之次 ○提調官 管理

收掌官 提調官之任 收掌文籍 ○謄錄官 掌謄寫 ○謄錄官 謄寫

書之官 試場亦有之 ○考試官 試通稽 試官 ○正考官 上試官 ○副考官 試官之副 ○

同考官 同參考試之官 ○提學 提學名宗學政 專管試士 ○知貢擧 知貢擧試官

閣事務之官 ○監臨官 知貢擧之任 ○外簾監試官 監察試生出入之事 ○

內簾監試官 監視試官 考檢之事 ○巡邏官 巡察試闈之官 ○監門官 試闈守門之官

搜檢官 試闈搜檢之官 ○印卷官 踏印試卷之官 ○收卷官 收卷之官 監試收卷之官 ○

彌封官 監封試卷之官 ○對讀官 墨卷朱卷轉寫之官 ○供給官 試闈供之 供之官 ○

監督 特差各司監督該務之官 ○各倉 及木廠馬鋪驛站 但爲之 ○坐糧廳 總理七省漕糧 通州

稅課司 稅事之官 ○街道廳 專管平治道塗 清理溝洫之官 ○驛站官 管理驛站之官 ○

指揮 專管緝捕盜賊 參副閱事之官 ○副指揮 指揮之副 ○狀元 進士第一 ○

13a

榜眼방안 殿試第二人 ○探花탐화 殿試第三人 ○貢士공ᄉᆞ 進士之未經殿試者 ○會元회원 會試

狀元 ○進士진ᄉᆞ 中會試者 ○解元ᄒᆡ원 鄕試狀元 ○擧人거인 鄕試入格者 ○副榜부방 擧人之額外

取者 ○貢生공ᄉᆡᆼ 秀才中選入副榜者 ○恩貢은공 大比外別以恩詔之秀才 ○拔貢발공 秀才之被選於

十二年一次之試者 ○優貢우공 秀才之以學行被選保擧者 ○挨貢ᄋᆡ공 計廩生之食廩年數挨次補入於貢生者

○案首안슈 童生之魁 ○生員ᄉᆡᆼ원 童生之入格生員試者 ○廩生름ᄉᆡᆼ 秀才食廩之 ○增증

生 未補廩生之秀才 ○童生동ᄉᆡᆼ 應生員試者 ○監生감ᄉᆡᆼ 納財入生員者 ○廕監음감 遇覃慶加

恩爲監生者 ○外省외셩 大臣대신 總督巡撫 ○總督총독 總督軍務之官 ○河道하도

總督 總督河道事務之官 ○漕運조운 總督 總督漕運之官 ○巡撫슌무 總督之次 ○

外省외셩 官員관원 以下官之 布政使 按察使 ○布政使부졍ᄉᆞ 總督全省錢糧之官 ○按察안찰

使 專理全省刑名之官 ○道臺도ᄃᆡ 按察使之次 ○府尹부윤 專理順天府事務 ○奉天府府尹之 ○府丞부승

府尹之次○治中(치중) 府丞之次○知府(지부) 管一府之官○縣統於府之總於府○同知(동지) 管府之次○通

判(판) 同知之次○知州(지주) 管一州之官○州同(주동) 知州之次○知縣(지현) 管一縣之官○經歷(경력)

布政按察衙門之屬官○理問(리문) 布政司經歷之次○都事(도사) 理問之次○照磨(조마) 布政按察

衙門及府有各府都事之次○知事(지사) 按察衙門及府有各府經歷之次○檢校(검교) 照磨之次○縣

丞(승) 知縣之次○主簿(주부) 知縣文簿之官○吏目(리목) 管府管州衙門發文之官○巡檢(순검) 理

巡綽之官○各府州縣但有之○驛丞(역승) 掌驛站之官○典史(전사) 知縣丞之次○教授(교수) 管一府秀

才之官○學正(학정) 管一州秀才之官○教諭(교유) 管一縣秀才之官○訓導(훈도) 教諭之次府州縣但有之○

鹽政(염정) 總察鹽場事務之官○鹽運使(염운사) 管理鹽運事務之官○運同(운동) 鹽運使之次○

運副(운부) 運同之次○提舉(뎨거) 管鹽課之官○運判(운판) 運副之次○城守尉(셩슈위) 總管一城軍兵

之官○總管(총관) 管轄該城事務之官○協領(협령) 管轄各城章京甲兵之官○防禦(방어) 管轄各城

防守甲 軍之官 ○ 關口守尉(관구수위) 守邊門之官 ○ 綠營官(녹영관) 各省漢兵之官 ○ 提督(제독)

總領全省綠旗官弁兵丁之武大臣 ○ 自提督至把總皆爲綠旗 ○ 總兵(총병) 提督之次 ○ 副將(부장) 總兵之次 ○ 參(참)

將 副將之次 ○ 遊擊(유격) 參將之次 ○ 都司(도사) 遊擊之次 ○ 守備(수비) 都司之次 ○ 千(천)總

守備之次 ○ 把(파)總 千總之次 ○ 中軍(중군) 管理軍務之官 總督提督衙門有之 ○ 提塘(제당)

凡奉省牢事件 文書傳送之官 ○ 頭目(두목) 凡事에 두목 된사람 ○ 使臣(사신) 欽差及外國進貢人謂之 ‖

○ 嚮導(향도) 曉地方程途之人 ○ 審事人(션ᄉᆡ인) 審問刑獄之官 ○ 通事官(통ᄉᆞ관) 通外國言

語之 ○ 通事 小通事 ○ 供奉官(공봉) 外國使臣支供物件辦理之官 ○ 供用官(공용) 辦備

公差在外之官 ○ 土司(두ᄉᆞ) 外番部落之官 ○ 土司宣慰使(션위ᄉᆞ) 土司宣慰之官 ○ 土司

宣撫使(션무) 土司宣撫之官 ○ 土司安(안)撫使 土司安撫之官 ○ 土司招討使(쵸토)

土司招討之官 ○ 土司長官(쟝) 管土司之長官 ○ 土司指揮僉事(지휘쳠ᄉᆞ) 土司屯之官

土司千(쳔)戶(호) 僉討司之千石 ○土司百(ᄇᆡᆨ)戶 僉土司之百石 ○大(대)衙(한) 係旗官中本職小而兼衙大者 ○小(쇼)衙 本職大而兼衙小者 ○爵(쟉) 通稱 벼ᄉᆞᆯ ○職(직)任(임) 通稱職掌 ○品(픔)級(급) 品階 ○次(ᄎᆞ)序(셔) 列次 ○等(등)第(뎨) 等 ○俸(봉)祿(록) 官員之俸銀祿米 ○廩(름)給(급) 分給出使官員兵丁供給之物 ○公(공)費(비) 大小官員每月公衙支費銀錢 ○公(공)項(항) 凡官家所藏之財謂之ㅣㅣ ○

陞轉類

陞(승)用(용) 본품에셔 올녀쓰다 ○超(쵸)越(월) 超遷ᄒᆞ다 ○錄(록)用(용) 기록ᄒᆞ여 쓰게ᄒᆞ다 ○履(리)歷(력) 凡官員之踐履來歷 ○補(보)授(슈) 벼ᄉᆞᆯᄒᆞ이다 ○擬(의)正(졍) 擬首 ○擬(의)陪(ᄇᆡ) 우유人 望ᄒᆞ다 ○開(개)列(렬) 벼ᄉᆞᆯ망ᄒᆞ다 ○引(인)見(견) 벼ᄉᆞᆯᄒᆞᆫ이를 引見군 ᄉᆡ로 본ᄃᆡ 뵈다 ○保(보)擧(거) 보ᄒᆞ여 쳔거ᄒᆞ다 ○保(보)題(뎨) 指缺薦人曰ㅣㅣ ○出(츌)具(구)考(고)語(어) 上官於屬下官員出判上奏者 ○塡(뎐)缺(궐) 보궐ᄒᆞ다 ○挨(애)次(ᄎᆞ) 許次陞職曰ㅣㅣ ○割(할)截(졀) 벼ᄉᆞᆯ을 잘나 ᄉᆡᄒᆡ ᄒᆞ여다 ○罰(벌)俸(봉) 住俸ᄒᆞ다 ○

革職(거지) 制職ᄒᆞ다 ○

考選類

考試(고시) 과거 뵈다 ○ 文試才ᄒᆞ다 ○ 鄕試(향시) ㅣㅣ ○ 會試(회시) ㅣㅣ ○ 殿試(뎐시) ㅣㅣ ○ 察(찰)

京職文武三歲一考 以定黜陟曰ㅣㅣ ○ 大計(대계) 外職文武三歲一考 以定黜陟曰ㅣㅣ ○

巡選類

巡選(슌션) ㅣㅣᄒᆞ다 ○ 陞轉(승젼) 벼슬 올려 뎐ᄒᆞ다 ○ 查看(차간) 사핵ᄒᆞ다 ○

事務類

機密事(긔밀ᄉᆞ) 비밀ᄒᆞᆫ 일 ○ 因爲(인위) 猶言為某事 ○ 原由(원유) 事之根由 ○ 歸着(귀착)

臣子之歸君之文 ○ 表(표) 上皇帝曰ㅣ ○ 箋(젼) 上皇太子曰ㅣ ○ 本(본) 是凡奏御之文字通稱ㅣ ○

題本(뎨본) 奏本之踏印者 ○ 正本(졍본) ㅣㅣ ○ 凡表箋俱有正本副本 正本入奏 副本送內閣 ○ 副本(부본) ㅣㅣ ○

摺(져)子(즈) 通稱摺單 ○奏摺(주저) 以摺單奏事 ○啓(키)疏(수) 皇帝陛殿時禮請及開列以奏者謂之ㅣㅣ

奏片(주편) 奏御文字中另小紙單之類 ○夾片(쟈편) 奏本中另紙夾奏者 ○單(단)子(즈) 通稱ㅣㅣ ○

說帖(쉬톄) 錄出奏本要 ○簡便(간변) 單(단) 語以備便覽之單子 ○排(패)

單(단) 開列引見人數之單子 ○門單(믄단) 出入關門之單子 ○又奏事ㅣ 官職名及引見人開列單子 ○

貼(톄)黃(황) 以黃紙錄出奏本中事件貼於奏本摺子尾之下也ㅣㅣ ○簽(첸)子(즈) 粘 ○票簽(퍈첸) 另出皇旨以貼奏本者

腰(얀)簽 另小龍紙條曲以貼錄於腰封之上者 ○本腰(븐얀) 奏本腰封 ○本章 另記 ○看語(칸위) 奏本

條(턒)奏本內情語套以硬紙細條者 ○家譜(쟈푸) 譜族 ○條頭牌(턒투패) 引見時出人名品級之竹牌 ○夾(갸)

板(반) ㅣㅣ奏本 ○報單(반단) 廣奏御文字之黃單 ○報(반) 謂之ㅣ 遞傳文書通 ○堂呈(탕쳥) 屬官呈文於堂

古謂之ㅣㅣ ○彙呈(휘쳥) 以件於朱成出文書以呈堂官謂之ㅣㅣ ○略節(랴졔) 文書中節略梗槩者謂之ㅣㅣ ○

付(부)咨(즈) 一款之內引收之 互相移文者 ○領子(링즈) 領受文 票文 ○劄付(쟈부) 上官之移文下 古謂之ㅣㅣ ○

告示(고시) 曰—— 揭榜曉諭 ○揭帖(게텹) 各省所差之事謄出于部 ○錄書(록서)

大科謄出各部後差 奉藏于本科者 ○外抄(왜초) 文書差下後之科 謄出者謂之—— ○小抄(쇼초) 塘報之類

紅單(홍단) 各部出信友及帖及稅所 收稅數目帖之踏示者 ○發單(발단) 文書遞傳時錄其名目併出者 ○粘(잔)

單 另書一單粘于原單者 ○空白(공백) 封印時踏于空紙以備呈塗之需曰—— ○批迴(비회) 凡移文之

有回題者謂之—— ○回題(회뎨) 回答手票 ○封套(봉투) 文書封皮 ○釘封(뎡봉) 文書 凡移文入

方所條錄印釘封者 ○封條(봉됴) 凡封鎖處一所粘條紙 ○摺子(졉ᄌ) 奏事時書事件于小摺先呈于

大臣者 ○文通稱約記 ○手本(슈본) 下交見上官時書職品姓名之帖 ○聘牌(빙패) 有報之牌以銀為之

令牌(령패) 上交傳于下交之牌以竹為之 ○傳牌(젼패) 凡輸兵及當差時遞之牌以木為之 ○腰(요)

牌 出入關門之牌 ○委牌(위패) 出使交代之牌 ○票(표) 通稱—文 ○限票(한표) 定限日期

之票文 ○驗票(험표) 投搜時所憑之票文 ○參票(삼표) 採參時所憑之票文 ○串票(관표)

凡田畝錢糧扣稅之類書塡一冊
彼此各存其半以爲憑考者 ○路引(루연) 暇以文武交替 ○檔子(당ᄌᆞ)
凡文書之檔 ○卯簿(묘부) 大小交代生衙勤慢之簿 ○掛號(괘호) 檔(당) 凡往來文移之
冊存案者
票錄(표록) 置者 ○冊子(책ᄌᆞ) ㅣㅣ 通稱 ○消長冊(쇼장책) 戶口消息之冊 ○魚鱗冊(위린책) 田畝
比總之 ○
案

繁冗類

紊乱(운란) 어즈럽다 ○冗雜(용자) ㅣㅣ 하다 ○煩瑣(번쇄) ㅣㅣ 하다 ○扭扭別(뉴뉴배)
別(비) 버어즈 ○牽扯(견쳐) 절즈ᄒᆞ다 ○攙混(참혼) 凡事之混雜結日ㅣㅣ ○堆(퇴)
積(지) 일닯씨 이다 ○

辦事類

辦理(반리) 일을판득 하다 ○承當(승당) 감당하다 ○文付(문부) 通稱 지다 ○着落(착락) 일식 이다

政部

約略辦理 어줄ᄒᆞ다 ○ 倡率 일에유 챵ᄒᆞ다 ○ 領頭 위두ᄒᆞ다 ○ 駁回
일약아 보내다 ○ 更張 믓친일을 쳐말ᄒᆞ다 ○ 改正 일ㅣㅣᄒᆞ다 ○ 撥正 일발로ᄒᆞ다
權變 從權道變 ○ 巧爲料理 從便處事 ○ 挨次 以等依序 ○ 淸淸
楚楚 事之明白了當者 ○ 批判 凡公事之以朱筆題決者 ○ 畫押 일홈두다 ○
打到 自衆公文之來到日子錄其書謂之ㅣㅣ ○ 准行 依准施行

官差類

賦斂 부세 벗다 ○ 征收 斂取錢粮曰ㅣㅣ ○ 攢湊 출렴ᄒᆞ다 ○ 差使
公差之通稱 ○ 差遣 보내다 ○ 約會 기약ᄒᆞ다 ○ 展限 한믈리다 ○
逾限 한지나다 ○

輪班行走類

輪륜班반 번돌리다 ○進진班 번들라가다 ○接재班 번바다드다 ○交꺞班

번맛지다 ○跳턒班 설번ᄒᆞ다 ○簡갼退퉈 번에ᄉᆞᄎᆞ예도로오다 ○更긍換환 번ᄀᆞᆯ다

隔거班行힝走즈 주일에ᄉᆞ이ᄉᆞ이드니다 ○代대替티 디번ᄒᆞ다 ○接재連랸 인번ᄒᆞ다

下햐班 번나다

爭鬪類

辯반起키嘴쥐來래 입히롬ᄒᆞ다 ○鬪듀毆우 빠호다 ○嚷양鬧날 ᄃᆞ토와져괴다 ○

揎샨拳큔 풀셤내다 ○亂롼揪직扯처 揪髮扯衣之状 ○耍얀鬪둥手셔脚끄 鬪手鬪脚

互相欲打之状 ○跳턒嚷양 뇹ᄯᅱ며소리지르다 ○撒사潑포 악바다 ○掙졍跳 허위며ᄯᅱ노다

伸션拳擄로袖식 풀부르것다 ○搯캬脖보子즈 멱잡다 ○彼비此츠攪갼打다

어우러져치다 ○連랸踢티 련ᄒᆞ여ᄎᆞ다 ○抓좌 헐퀴다 ○搯캬 집어ᄯᅳᆺ다 ○撲난 하위

치다 ○ 齩(얖) 무다 ○ 受(부)了(랸)傷(샹) 상ᄒᆞ이다

詞訟類

告(갸)狀(쟝) 소지졍ᄒᆞ다 ○ 原(왠)告 원고 ○ 被(비)告 원쳑 ○ 出(츄)首(쇡)人(인) 은숨
일고ᄒᆞᄂᆞᆫ사ᄅᆞᆷ ○ 對(뒤)頭(투) 냥쳑 ○ 干(간)証(졍) 증인 ○ 被(비)屈(쿼) 원통ᄒᆞ다 ○ 誣(우)賴(래)
그른일 놈의게 미다 ○ 罣(과)誤(우) 놈의일에 버므리다 ○ 干(간)連(랸) 간련ᄒᆞ다 ○ 叉(차)股(구)事(씌)
싼가ᄃᆞᆫ일 ○ 事(씌)結(계)復(부)告(갸) 일ᄆᆞᆺᄎᆞᆫ후다시졍ᄒᆞ다 ○ 問(운)語(위) 問目 ○ 口(쿠)供(궁)
招 ○ 勘(칸)斷(돤) 감죄ᄒᆞ여결단ᄒᆞ다 ○ 審(션)訊(신) 쥐주어묻다 ○ 追(쥐)問(운) 更推ᄒᆞ다
口(얀)登(둥) 못ᄎᆞᆫ일뎨리ᄒᆞ다 ○ 反(판)司(ᄉᆞ)翻(반)了(랸) 송ᄉᆞ뒤집히다 ○ 為(위)是(씌) 올히너기다
賺在(재) 不(부)是(씌) 그르너기다 ○ 壓(야)派(패) 억지로ᄒᆞ다 ○ 揆(쿼)斷(돤) 有理不服者以法斷ᄒᆞᆸ
定(딩)擬(니) 定罪ᄒᆞ다 ○ 鑽(좐)營(잉) 스므러쳥ᄒᆞ다 ○ 通(퉁)線(쌘)索(소) 暗囑ᄒᆞ다 ○

看칸情칭面먠 보다 안졍 ○ 行힝賄휘 쁘다 년믈 ○ 関관節졔 ㅣ請囑之痛

刑罰類

用융刑힝 ᄒᆞ다 형벌 ○ 監깐禁긴 다 가도 ○ 綁방 ᄒᆞ다 결박 ○ 掌장嘴쥐 다 쌤치

夾갸棍곤 리 쥬 ○ 拶잔子ㅈ 뎨 집의 손가락 트는 것 ○ 鞭삔打다 되편으로 치다 ○ 打

板반子ㅈ 대쪽으로 치다 ○ 笞치責저 티로 치다 ○ 杖쟝責저 쟝으로 치다 ○ 徒두 杖一百以上之

罪發配該省之內曰ㅣ ○ 流류 徒以上之罪發配他省曰ㅣ ○ 充츙軍균 ㅣㅣ ○ 枷갸 칼 ○

拇무扭뉴 손에 ○ 脚丑鐐랴 족쇄 ○ 脚絆반 죄인의 발에 얽는 쇠사슬 ○ 剌ㅊ字ㅈ

ㅣㅣ ᄒᆞ다 ○ 犯반人인 죄인 ○ 罰화物우 蒙古人有犯所贖以物件謂之ㅣㅣ ○ 罰九꾸數슈

蒙古人有犯所贖以牲畜九數曰ㅣㅣㅣ ○ 抄챠沒모 ᄒᆞ다 적몰 ○ 絞갼 다 ㅣᄒᆞ ○ 斬잔 다 버히

凌링遲치 ㅣㅣ ᄒᆞ다 ○ 贖슈鍰환 錢贖 ○ 准쥰贖 다 쇽 밧 ○

禮部

捶打類

很(흔)很的(디)打(다) 죽도록 치다 ○ 捶(취)打 두드리다 ○ 鑿(조)頭(투) 다리쉬여 지르다

着(죠)實(시)打(다) 흔튼미 질ᄒᆞ다 ○ 打至(지)不(부)能(능)起(키) 마자니지 못ᄒᆞ다 ○ 打抽(칙)抽

了(랴) 마자옹송 고리다 ○ 打至癱(탄)軟(완)了 마자느러지다 ○

寬免類

寬(퀀)宥(우) ｜｜ᄒᆞ다 ○ 開(캐)脫(토) 비서내다 ○ 脫離(리)了 버서나다

安慰類

諫(쟌)勸(퀀) 간ᄒᆞ여 말리다 ○ 提(티)撥(비) 뎨리ᄒᆞ다 ○ 慰(위)止 말로근심 닛게ᄒᆞ다 ○ 氣(키)平(핑)

了 노리누 즈ᄒᆞ다

禮儀類

儀(이)註(쥬) ㅣㅣ ○ 大(다)駕(갸)鹵(루)簿(부) 合法駕騎駕鑾駕鹵簿曰ㅣㅣㅣㅣ 祭天地時設 ○ 法(바)駕(갸)鹵簿 祭太廟及陵殿時設 ○ 騎(기)駕鹵簿 祀狩及郊亨時設 ○ 鑾(란)駕鹵簿 闕門外動駕時設 ○ 儀(이)駕 皇太后皇后鹵簿 ○ 儀仗(장) 皇貴妃妃鹵簿 ○ 彩(채)仗 妃嬪鹵簿 ○ 陛(폐)殿(뎬) 진좌ᄒᆞ다 ○ 鳴(밍)鞭(뱬) 靜鞭을 티다 ○ 贊(잔)禮(리) 臚唱ᄒᆞ다 ○ 排(패)班(반) 班列 ᄇᆡ다 ○ 贊進(진) 나아오게ᄒᆞ다 ○ 謝(셰)恩(은) ㅣㅣᄒᆞ다 ○ 三(산)跪(궤) 세번 ᄭᅮᆯ다 九(긱)叩(쿠) 아홉번 고두ᄒᆞ다 ○ 贊退(퉤) 믈너가게ᄒᆞ다 ○ 臨(린)雍(융) 太學의 거동ᄒᆞ다

鹵簿器用類

金(긴)鉞(웨) 斧之大者 鍍之以金 ○ 星(싱) 三稜之棍 長稜刻 革象而塗金者 ○ 臥(오)瓜(과) 以木刻瓜形 塗金橫着于木桿者 ○ 立(리)瓜(과) 以木刻瓜形 塗金豎着于木桿者 ○ 吾(우)仗(쟝) 朱漆木棍 兩頭鐵冒塗金者 ○ 御(위)仗 制同上而鐵冒差短者 ○ 引(연)仗 形如木棍 而上狹下廣 棍首塗金者 ○ 玉(위)輅(루) 天子之車也 以玉飾輅頂

而駕之以象者 ○金輅(긴로) 制同上而以金飾輅頂者 ○木輅(목로) 制同上而以木飾輅頂駕之以六馬者

○象輅(샹로) 制同上而以象牙飾輅頂駕之以八馬者 ○革輅(혁로) 制同上而以革飾輅頂駕之以四馬者

○玉輦(옥련) 制如轎子而以玉飾頂前後各四杠而三十六人擡之 ○大禮轎(대례교) 金漆之轎圍以黃毡十六人擡之

○法駕步輿(법가보여) 金輦之金屋者十六人擡之 ○鑾駕步輿(란가보여) 金漆圍毡之輿八人擡之 ○

輕步輿(경보여) 金屋之轎漆以黑色十六人擡之 ○大儀轎(대의교) 皇太后皇后之轎以金漆之圍以黃毡十六人擡之

○儀轎 制如大儀轎而八人擡之用於皇太后皇后之鹵簿 ○翟轎(뎍교) 皇貴妃之轎金漆圍毡以金黃色作

簾帷而十六人擡之 ○金黃翟轎(금황뎍교) 貴妃之轎圍以金黃毡以黃色作簾帷而八人擡之 ○金

黃八人轎(황팔인교) 妃之轎圍以金黃色毡者 ○鳳輿(봉여) 皇太后皇后之輿者頂蓋而金漆圍以黃毡者 ○

儀輿 制如鳳輿而用於皇太后皇后之鹵簿 ○仙轎(션교) 君行陛而乘軟竹以設 ○寶象(보샹) 金以

旄載於象背故曰〻〻祭礼時所設 ○靜鞭(졍편) 陛殿時鳴之以肅靜者 ○駕衣(가의) 校尉所著之衣紅衣等

花朳黑衣긔 綠壽字 ○ 鞬반 捷재 燈등 以紅燈遠傳 擎路皆息者

朝集類

陛비 見견 外省外官來京朝見曰ㅣㅣ ○ 上샹 朝찬 됴회ᄒᆞ다 ○ 進진 貢공 됴공ᄒᆞ다 ○ 遞톄 帖대

通통 事ᄉᆡ 通事ᄂᆞᆫ 고ᄋᆞ다 ○ 上 衙아 門믄 마을에 가다 ○ 擁융 擠지 사ᄅᆞᆷ 만하 ᄆᆡ이다 ○

禮拜類

抱반 見견 禮례 自遠來者相見之時少者拜長者而抱足 長者扶少者之背敵已者相抱而爲礼 ○ 俯부 伏부 ㅣㅣ ᄒᆞ다

單단 腿퇴 跪귀 ᄒᆞᆫ 다리 ᄭᅮᆯ다 ○ 屈큐 膝시 坐조 안즌 곳에 ᄒᆞᆫ 다리 ᄭᅮᆯ다 ○ 連랜 叩쿠 頭투 叩首之貌

施씨 禮레 礼ᄒᆞ다 ○ 作조 揖이 읍ᄒᆞ다 ○ 鞠귀 躬궁 ㅣㅣ ᄒᆞ다 ○ 婦부 女뉘 導둔 ㅣ

拜배 婦女兩手按膝行三拜礼 ○ 婦女叩쿠 頭 婦女拜礼後以手托首而叩頭

筵宴類

筵안宴안 잔치ᄒᆞ다 ○ 打다聽텽親친事ᄉᆞ 혼인드ᄅᆞ보다 ○ 說셜親친 혼인니ᄅᆞ다 ○

結계親친 사돈ᄆᆡᆺ다 ○ 下해定뎡禮례 定婚後宴曰ㅣㅣㅣ ○ 下하大다禮 夫家以婚送饋之物 ○

嫁개粧쟝 粧奩嫁粧 ○ 合허巹긴 동뢰연ᄒᆞ다 ○ 開캐箱샹 新嫁之女以衣飾給夫家尊卑謂之ㅣㅣ ○

去큐請칭 청ᄒᆞ라가다 ○ 來래請 청ᄒᆞ라오다 ○ 請進진 청ᄒᆞ여드리다 ○ 迎잉

接졔 맛다 ○ 作조主쥬人인 쥬인노ᄅᆞᆺᄒᆞ다 ○ 放방分븐 음식분비ᄒᆞ다 ○ 祭졔獻햔 샹드리다

綵채紅홍 凡筵席時綵緞 門闌謂之ㅣㅣ ○ 反반站댠 飯出客處獻酬畢反其門上謂之ㅣㅣ ○ 迎잉門즁

鍾즁 凡筵宴時客入門先勸以酒謂之ㅣㅣㅣ ○ 讓양酒쟉 술권ᄒᆞ다 ○ 描먄酒 술잔에븟다

술취ᄒᆞ다 ○ 強컁讓酒 잔잡아강권ᄒᆞ다 ○ 回휘敬깅 술잔도로권ᄒᆞ다 ○ 散산席시

잔치ᄒᆞ더지다 ○

祭祀類

祭祀 〃〃 ○祭神 祭ᄒᆞ다 神位에 ○祫祭 除夕ㅅ日合祭遷廟主於太廟ᄒᆞ고 ... 〃〃

禡祭 出師祭叢纛 〃〃 ○雩禮 孟夏ㅅ雩祭 祈雨ᄒᆞᄂᆞᆫ祭 ○福酒 祭〃 ○

胙肉 祭肉 ○對柳枝祭 柳枝ᄭᆞᆺ고 주ᄂᆞᆫ 고지 내ᄂᆞᆫ 졔 ○祈福 福丸 九 擺佈

求福時用小圓餅爲丸 量而布擺 還置九箇者 ○還愿 발원 뒤로 ᄒᆞᄂᆞᆫ 졔 ○又祭 又又祭ᄒᆞ다 ○痘

後還愿 역질ᄒᆞᆫ 후 환원ᄒᆞᄂᆞᆫ 졔 ○麵猪還愿 ᄆᆞ르고 ᄌᆞᆷ신 드리다 지내ᄂᆞᆫ 소졔 ○去崇

黃昏時以小猪祭於屋外而禳災者 ○祭馬神 春秋祭于馬神 ○祭田苗神 農時

祭于田畝ᄒᆞ다 ○祭塲院 打稻후에 당에 졔ᄒᆞ다 ○還愿撒酌米 還愿ᄒᆞᆯ 졔

새리 ᄂᆞᆫ 술 ○獻酒 술잔 드리다 ○用筋撩酒祭 졔ᄒᆞᆯ 졔 술 ᄲᅳ리다 ○

灑酒祭神 신위에 술 ᄲᅳ리다 ○念神歌 노래 부르며 비다 ○跳神

下 ᄒᆞᆫ ○女打手鼓 무당이 고치다 ○男打手鼓 화랑이 고치다 ○領

神(신) 무당이 신밧다 ○焚(분)化(화)紙(지)錢(전) 지전 술오다

祭祀器用類

祝(축)板(판) 又祝文 축문판 ○ ○蒼(창)璧(벽) 祭天之幣玉平而圓中有孔色澈青者 ○黃(황)琮(종) 祭地之幣玉上圓下方而色淺黃者 ○赤(적)璋(장) 祭日之幣玉圓而平中有孔色深紅者 ○白(백)琥(호) 祭月之幣玉圓而平中有孔色白者 ○簠(보) 形方而盛黍稷之器 ○簋(궤) 形圓而盛稻粱之器 ○登(등) 形如豆而盛大羹之器以磁為之

鉶(형) 盛湯之器以銅為之 ○籩(변) 竹器盛形盬者 ○豆(두) 木器盛菹菜切肉等物 ○俎(조) 木器盛祭酒者 ○降(강)香(향) 降真香 ○速(속)香(향) 沈束香 ○檀(단)香 ||○有紫白二色 ○沈(침)香 ||○馬(마)牙(아)香 燒香之切如馬牙形者

○香(향)餠(병) 用香屑作餠以燒者 ○桂(계)香 取沈束等香列抻以燒謂之|| ○盤(반)香 以香屑作細條盤曲上為燒者謂之||

○御(어)帛(백) 祭幣之帛端有御帛二字 ○五(오)供(공) 神位前所列香炉花瓶謂之|| ○爵(작)盞(잔) 술잔 人는되 ○玉(옥)帛(백)匣(갑) 盛祭幣之器 ○香(향)爐(로) ||○燎(료)爐 燒祭幣紙帛等物之炉 ○

齋戒牌(재계패) 結方寸木牌懸齋戒二字 堅于壹中大小官多又以小牌佩之 ○ 拜牌(배패) 孔相盧一所設木牌 ○ 拜墊

禮拜ᄒᆞᆯ제 퍼ᄂᆞᆫ 조리 ○ 香楪(향뎝) 향 퓌오ᄂᆞᆫ 그릇 ○ 巾子(건ᄌᆞ) 畏文 제ᄉᆞᆯ 제거ᄂᆞᆫ 비단 ○ 還愿(환원) 神杆(신간)

還愿ᄒᆞᆯ제 셰ᄂᆞᆫ 나모 ○ 草把(초파) 神杆우희 ᄂᆞᄂᆞᆫ 풀 ○ 柳枝(류지) 上(샹) 縱(지) 條(됴) 걸ᄂᆞᆫ 버ᄃᆞᆯ의 민 ○

線索(션ᄉᆡᆨ) 求福ᄒᆞᆯ제 아희 목에 두르ᄂᆞᆫ 노 ○ 神箭(신젼) 求福ᄒᆞᆯ제 줄 ᄆᆡᄂᆞᆫ 살 ○ 神刀(신도) 求福ᄒᆞᆯ제 [illegible]

神鈴(신령) 무당의 방울 ○ 女手鼓(녀슈구) 무당의 손ㅅ북 ○ 鼓槌(고츄) 북채 ○ 神帽(신모)

天ᄒᆞᆯ제 女산ᄂᆞᆫ 것 ○ 腰鈴(요령) 巫女의 ᄎᆞᄂᆞᆫ 방울 ○ 神鏡(신경) 명도

喪服類

丁憂(뎡우) 상ᄉᆞ 지다 ○ 孝衣(효의) 거상 옷 ○ 孝帶子(효대ᄌᆞ) 거상 ᄯᅴ ○ 拖過孝(토과효)

衣衰 斬衰 ○ 穿孝(천효) 거상 닙다 ○ 遺言(이언) ᄒᆞ다 ○ 沒了(몰료) ᄒᆞ다 ○ 許字

屍(시) 屍身忽然起 主謂之ㅣㅣ ○ 裝裹(장고) 렴습ᄒᆞ다 ○ 停床(뎡상) 렴습ᄒᆞ고 상에 누이다 ○ 入(유)

殮렴 入棺ᄒᆞ다 ○ 出츌殯빈 發靷ᄒᆞ다 ○ 化화骨구殖씨 火葬ᄒᆞ다 ○ 拾骨殖 葬火

後에 새로 두어 못다 ○ 下해葬쟝 영장ᄒᆞ다 ○ 上샹墳분 掃墳ᄒᆞ다 ○ 上大墳 葬後七

友也ᄒᆞᆫ日 曁禮ᄒᆞ墳 ○ 上墳 次ᄎᆞ日이祭지 七日 翌日祭上墳之 ○ 對뒤對뒤奠댠 浩

利 빠으로 솔드리다 ○ 羅로被비 佛經字로 쓴니블 ○ 引연幡판 引魂之幡 ○ 紙지錢챤 以紙為錢

出殯下葬時焚化者 ○ 紙錁거 以錢作金錠銀錠之形者 ○ 佛보花화 寒食節日以紙色錢作錢形掛竿

掃墳者 ○

灑掃類

噴픈灑사水쉬 믈 뿜다 ○ 撩랸水쉬 믈 뿌리다 ○ 掃산除츄 쓰다 ○ 除츄淨징

빨기 죄히ᄒᆞ다 ○ 用융布부擦차抹모 헝겁으로 ᄒᆞ다

樂類

樂部

中(중)和(화)雅(아)樂(악) 祭天地壇太廟文廟時作共八十四段 ○慶(경)神(신)歡(환) 祭先蠶時作一章

中(중)音(음)樂(악) 受賀陞殿時作共八章 ○導(도)迎(영)樂(악) 郊祀還宮時作共二章 ○丹(단)陛(폐)

大(대)樂(악) 凡朝会筵宴及中和古負外國使臣謝恩時作共四章 ○丹陛清(청)樂 大宴時作共二章

中(중)和(화)清樂 大宴及至膳時作一章 ○鐃(뇨)歌(가)大(다)樂 凡出巡講武献馘時作共二十八章 ○

鐃歌清樂 軍功凱旋賜宴時作共二十七章 ○馬(마)上(상)凱(개)歌(가) 凱還時只唱之曲一章

黃(황)鍾(종) 十一月律名 ○大(다)呂(려) 十二月律名 ○太(태)簇(주) 正月律名 ○夾(겨)鍾(중) 二月律名

姑(고)洗(선) 三月律名 ○仲(중)呂(려) 四月律名 ○蕤(위)賓(빈) 五月律名 ○林(림)鍾(중) 六月律名

夷(이)則(저) 七月律名 ○南(난)呂(려) 八月律名 ○無(우)射(이) 九月律名 ○應(잉)鍾 十月律名

奏(주)樂 作樂 ○吹(취)笙(성) 싱부다 ○拉(라)胡(후)琴(긴) 히금다다 ○拍(패)鈸(보) 바라

다지 ○鼓(구)掌(잔) 손쎽치다 ○劍(카)鼓(보)簧(기) 노리에吹丞이키리다 ○奏(주)

奏주古고樂요 奏古풍류ᄒ다 ○ 彈탄口구琴금 [illegible]ᄐ다 ○ 彈竹죽口琴 대금ᄐ다

樂合합 樂之相和 [illegible] ○ 樂止지 풍류그치다 ○ 起기歇헐 起歇之間 ○

樂器類

鎛박鍾종 一部共十二應十二支奏中和韶樂時設如子月子用子鍾 ○ 編편鍾 一部共十六大小無異厚薄不同懸於二層之簴廣應之律呂而奏之 ○ 特특磬경 一部共十二應十二支奏中和韶樂時設如子月子用子磬 ○

編磬 一部共十六大小無異厚薄不同懸於二層之簴廣應之律呂而奏之 ○ 六륙合합鼓고 大鼓之懸於簴廣者 ○

應응鼓고 大鼓之登於架者 ○ 搏박拊부鼓 小鼓之掛項而提擊之者 ○ 仗장鼓 ㅣㅣ ○

鼗도鼓 장고 ○ 托탁羅라鼓 鼓之上二廣下狹者 ○ 扁편鼓 奏慶勸時以

搖之鼓 ○ 鐘종鼓 小鼓之懸於簴廣 ○ 月월鼓 鼓之小者雜戲時手持而提擊之 ○ 把파

鼓之者托 ○ 擺파鼓 有柄小鼓兩傍懸椎搖之以自擊者 ○ 月월鑼라 鑼之小者雜戲時手持而提擊之

鉦정 音○其制如鑼擊以銅環掛項擊之者 ○點子뎜즈 其制如金而大如楪先鼓而擊 ○鈸보 바라○其

形如盤而凹兩頭相撞而鳴者 ○鍋子고즈 其制如鈸而大如楪者 ○鐃뇨 其制如鈸而中心略凹合擊而鳴之 ○

撲鈸박 此鈸略小以兩相磨而鳴之 ○雲牌운패 以銅作片者乳懸簨簴而擊之者 ○方響방향

其制如孔板而略小以鐵作片其十六片懸于兩層簨簴而鳴之 ○鐺당 制如小鍋子掛于手指而擊之 ○鐃뇨 其制同上

掛叉而擊之僧徒用之 ○星셩 其形似鍾而手執相敲而鳴之 ○雲鑼운라 其制如點子而左執曲而擊之 ○

柷츅 以木爲之狀如漆桶先擊而起樂者 ○敔어 以木爲之狀如伏虎背上有二十七鉏鋙櫟以止樂者 ○木魚목어 以木

作魚形者僧徒誦經時以擊者 ○磬子경즈 以銅爲之其形似盞而有柄僧徒用之 ○號筒호통 剣吹라○

其形上銳下廣 ○畫角화각 나모吞角 ○喇叭라바 小制如號筒 ○瑣嗦소나 랄라리○其形

上銳如筒下廣如喇叭 ○海笛해뎍 比瑣嗦短且小者 ○簫쇼 長竹箇之有大孔而豎吹者 ○橫횡

笛뎍 저○竹箇之有七孔而橫吹者 ○篴뎍 피리○短竹九孔而以蘆葉作舌者 ○箎지 以竹爲之其制如笛而又孔

横吹 者 ○塤(훈) 以土爲之形如鵝子六竅 上平底似稱錘而有六孔者 ○排簫(배소) 編竹爲之而吹之者 ○胡笳(호가)

手制略如喇叭而有曲孔者 ○琴(금) 거믄고 ○七絃 ○瑟(슬) 一○二十五絃 ○箏(쟁) 一○比瑟差小而十四絃 ○月琴(월금)

琴 制如琵琶而下圓者柄而曲絃 ○搊琴(추금) 形如箏而十絃以木片接而彈之 ○提琴(제금) 略似胡琴而身小雜

戲 ○箛(고) 以竹爲形似琵而五絃 ○琵琶(비파) 一○手形上銳而下圓且廣而曲絃者 ○觱(필) 拍(패)

手制差小於琵琶而二絃者 ○三絃(산현) 세줄거문고 ○二絃(이현) 두줄거문고 ○胡琴(호금) 奚琴(해금)

口琴(구금) 以鐵爲之形如倒匙而以舌下端鐵舌於上端而口含鐵舌手彈之角而作聲 ○楂板(자판) 以木

板作籤子而上狹下廣貫之 ○戲竹(희죽) 以朱漆小竹捻作竿形華條攢竿而作聲析於柄竿垂以彩纓以作

樂止 樂止者 ○毘(비) 陰(음) 광대 ○木馬(마) 雜戲 ○高蹻(고교) 木桿二隻縛以横木而足躡

横木而作戲者 ○老絃(노현) 큰줄 ○子絃(자현) 작은줄 ○絃馬(현마) 琴瑟之柱 ○

琴軫(금진) 진과 ○以木爲之置諸琴底以伸縮絃子者 ○琴足(금족) 거믄고발 ○琴拉(금랍) 거믄고줄

文學部

에비듣 ○軸 적 子 琵琶等弦柱之木如琴軫之類 ○鼓腔 강 북대 ○鉏 부 ㅣ ○

簧 황 以竹葦葉爲之即笙之舌

書類

滿 만 洲 쥬 書 清太祖皇帝將十二字頭共爲一千五百餘字對成語無不畢備也皇上又命欽定經史諸書筆皆飜譯

以教人民 帝之天下 ○蒙 몽 古書 ㅣㅣ ○表 표 駢儷之文 ○判 판 剖決是非也曰ㅣ ○錄 록

撰 찬 錄之ㅣ ○奏 주 拔奏曰奏 ○呈 정 下告上曰ㅣ ○啓 계 發導之之 ○編 편 次編之ㅣ

之ㅣ ○覽 람 閱覽之ㅣ ○發 발 發行之ㅣ ○類 류 類聚之ㅣ ○懷 회 詠其所思曰ㅣ ○

歎 탄 識其也曰ㅣ ○誄 뢰 哀死之辭述已去之行狀 ○對 대 子 聯句 ○章 장 文之成篇曰ㅣ

○節 졀 文之段落曰ㅣ ○句 귀 文辭上要謂之ㅣ ○讀 두 句語未絶而點分之以便誦詠謂之讀 ○

草 초 藁 고 초글 ○牌 패 子 패 받는 패에 ○篇 편 子 글편 又칙장 ○本 본 子 칙 通稱 ○

書슈殼깍子즈 책의 ○ 套토 책갑 ○ 部부 책실 ○ 題뎨目무 제목 ○ 破포題 章首先破

題義 ○ 承칭題티 破題之下 ○ 起기講걍 破題之下通釋一篇大旨 ○ 領링題티 起講

之下 題後在 ○ 起기股구 領題下兩股 ○ 出츄題 起股下四股入題 ○ 中즁股 出

下兩股 ○ 後후股 中股下兩股 ○ 小쇼結계 篇之收結 日丨丨 ○ 大다結 篇之總結 日丨丨

○ 試씨卷권 丨丨 ○ 墨미卷 儒生所呈之本卷 ○ 硃쥬卷 以硃易之卷 ○ 卷面멘

비 ○ 榜방 科榜目 ○ 題名밍錄루 丹 ○ 編볜纂쵠 編集纂宣 ○ 又述 ○ 述슈

說쇼 記述ᄒᆞ다 ○ 作조詩씨 詩짓다 ○ 翻반譯이 傳書及各國方語互相繹出語之丨丨 ○

起기草챠 글초잡다 ○ 勘薦황稾갚 글뽑내다 ○ 塗두抹머 ᄒᆞ이오다 ○ 句구抹머

에우치다 ○ 圈퀀活호 에운것세스로다 ○ 扔찬寫셰 정서ᄒᆞ다 ○ 釘딩書슈 책매다 ○

裝좡套탄 匣에 넣티 ○ 餂턘筆비 붓에 묻치다 ○ 硏얀墨미 먹가다 ○ 字즈頭두

圈〻 ᄀᆞᆫ 동고리ᄒ다 〇 寫楷字 쓰다 〇 寫行書字 쓰다

寫草字 쓰다 〇 畫〻 ᄒ다 〇 字旁圈〻 ᄀᆞᆫ 동고리ᄒ다 〇

打邊字 ᄒ다 〇 寄的信 부친 편지 〇 又 〇 書札 〻 〇

寄口信 ᄀᆞᆫ 전갈ᄒ다 〇 寄字 ᄒ다 〇 呈遞 ᄒ다 〇 寫作

斂捷 ᄀᆞᆫ 짓기 ᄒ다 〇 篆字 〻 〇 兩字 〇 隸書

小紗 〇 請字 兩字 〇 外字 皇帝 [illegible] 〇 單

字 〻 兩字 〇 連字 〻 兩字 〇 切音字 兩字反切 〇 篆

古字 〻 〇 三合字 兩字 [illegible] 三字 [illegible]

〇 楷書 通稱 〇 字牙 [illegible] 〇 字撇 [illegible] 〇

字圈 ᄀᆞᆫ 조고리 〇 字點 ᄀᆞᆫ 점 〇 字尾 ᄀᆞᆫ 조파 〇 楷字尾

正字 파임 ○ 草찬字즈尾위 ㅣ 草字 파임 ○ 句귀讀드 ㅣ ㅣ ○ 節뎔奏주 ㅣ 문尺

아리 뷔온곳 ○

文學類

溫온習시 익힐 習 ○ 得득하다 精粗 ○ 重習 ○ 大業 아다 ○ 學 비유 ○ 專젼 흐다

心심 마음 모도 흐다 ○ 推퇴詳샹 두루 살펴 보다 ○ 文문理리 大通 ㅣ ㅣ ㅣ 흐다

○ 通了 通達흐다

文教類

三삼教교 儒 釋 道 ○ 九구流류 儒 道 陰陽 法名 墨 縱橫 雜 農 ○ 諸졔子즈 百家 ...

其一은 ... 十九家 稱 ○ 使 融會 ... 가 ...

化화 化케 흐다 ○ 使 發奮 흐다

文學什物類

白鷺紙 ○ 以木皮為之 潤而淨白者 ○ 楮紙 ○ 膽楮

線紙 搗竹為之 而輕硬者 ○ 高麗紙 ○ 翎紙 ○ 棉紙 ○ 白棉紙 ○

連四紙 ○ 丨丨 ○ 整連紙 如雪者 ○ 連四紙之 ○ 斜文紙

色紙 用於掛錢 ○ 毛邊紙 以稻殼為之 紙 ○ 毛頭紙

品藍紙 堅染為 ○ 毛邊紙 以毛織成 ○ 毛頭紙

線紙 以麻為之 名薄及細 用於 ○ 呈文紙 石灰之紙 ○ 抬連紙

紙 ○ 元連紙 鋪紙 用於 ○ 雲連紙 搗竹為 西薄而

硬用於 ○ 川連紙 搗竹為之 ○ 竹紙 小者川 ○ 毛邊紙 薄

利率 ○ 色潤之紙 ○ 龍箋紙 ○ 香箋紙 搗香竹為之 而淨硬者 ○

之紙 ○ 蠟花紙 白蠟箋紙之用 ○ 錦紙 ○ 印花紙 ○ 烏金紙

牋 以川互箋 燻而油 以金箔者 ◯ 皮간 青친 箋 靑而用書以金縷 以木皮爲之 染 ◯ 白배

藁괃 箋 以古箋用木槲壓 ◯ 古고 互箋 以白葉箋麝薄者 ◯ 互箋 七치 箋

摺 椈楮爲之互 ◯ 京경 箋 裹物之箋楮 ◯ 方방 箋 七紙而成之 而色淡黃

左 以多紙 ◯ 一刀이도 紙 ᄒᆞᆫ축 조희 ◯ 一扣구 箋 졉은 ᄒᆞᆫ 장장 조희 ◯ 陽양

扣 밧그로 졉은 것 ◯ 陰엄 扣 안ᄒᆞ로 졉은 것 ◯ 一張장 紙 ᄒᆞᆫ장 조희 ◯ 一條됴

紙 ᄒᆞᆫ오리 조희 ◯ 筆비 帽 붓두겁 ◯ 筆 架가 筆山 ◯ 筆 蘸잔 池 硯 ◯

筆 洗셰 洗筆之器 ◯ 水 盛셩 硯滴 ◯ 硃주 錠딩 朱紅墨 ◯ 墨 床상 먹 놋는 셕상

◯ 墨 海해 수면에 믈 ᄒᆞᆨ 큰 벼로 ◯ 炙자 硯연 뎌이는 벼로 ◯ 角각 硯연 살노 ᄒᆞᆫ 벼로

◯ 水 盆분 ◯ 鎭진 尺쳑 진셔 ◯ 鉛연 餅병 납조각 ◯ 影영 格거 영쟈

圖도 書셔 印 ◯ 印인 色쉭 朱印 ◯ 冊책 頁엽 書之作帖者 ◯ 手슈 卷권 軸橫 ◯

喜客 상 ○一面 凡物形之平面者謂之面 ○一座 凡物形之座者謂之座 ○

畫幣子 丹匣 手戟 ○

儀器類

周天儀 列星宿躔以測 ○天體儀 推日月星出入之器 ○

赤道經緯儀 測赤道經緯之器 ○黃道經緯儀 測黃道經緯之器

地平經緯儀 測星宿方位之器 ○象限儀 測地平高近之器 ○地平緯

儀 日上 ○地平經緯儀 地平經儀之上置緯儀合以測之 ○紀限儀 測

赤道日月星相距度數之器 ○距度儀 日上 ○璣衡撫辰儀 儀以測 激微

赤道度數周天 ○測日圭表 測日景以定節氣者 ○圭表 測日景以定時刻者

日晷 ○自鳴鐘 ○問鐘 問鐘辰 ○漏壺 滴漏水

武功部

日天壺 漏水第一桶 ○ 夜天壺 漏水第二桶 ○ 平水壺 漏水第三桶 ○ 萬水壺 漏水第四桶 ○ 分水壺 受平水壺盈溢之水者 ○ 羅從[?] 大漏圖 ○ 順風旗 觀風勢之旗 ○

數目類

數目 쳠 ○ 總數 ㅣㅣ ○ 成幾箇 시 몃 ○ 許多 ㅣㅣ ○ 第幾 재 몃 ○ 幾次 번 몃 ○ 一箇 낫 ᄒᆞ나 ○

兵類

領軍 軍中掌兵者 統行陣守領門闕 ○ 親軍 領軍中揀選者 本係承同入番護衛 ○ 仗伏[?] 笞[?]石[?] ○ 領催 驍騎校之次掌牛彔事務兼管筆帖餉糧 ○ 馬甲 牛彔中揀選者 ○ 刂去戎陣[?] 殺守城闕[?] ○ 壽[?]商兵 年幼閑丁官給錢糧 侍衛差役之兵 ○ 敢[?]手 砲手 ○

鳥鎗兵 火器內之鎗手謂之ㅣㅣ ○ 驍騎 諸部馬軍當古 ○ 藤

牌兵 手執藤牌 ○ 蒙古兵 口外蒙古之作旗分者 ○ 漢軍 漢人之歲永附入

於旗分者 ○ 綠旗兵 總之漢人之作旗分者 ○ 馬兵 綠旗之騎兵 ○ 步

兵ㅣㅣ ○ 守兵 城堡防守之兵 ○ 戍兵 輪番防戍之兵 ○

防守類

哨營 適補之缺하다 ○ 防護 守護하다 ○ 駐防 長住戍也 ○ ㅣㅣ

征伐類

閱兵 軍兵操習하다 ○ 會盟 聚衆蒙古部落議事 又曰擾盟 戒謂ㅣㅣ ○ 審一ㅣ ○ ○

挑選兵 擇但다 ○ 補兵 軍士補缺하다 ○ 隊伍 間處 諳之人이 ○

部伍 部分隊伍 ○ 擺派 擺派之營 ○ 設營 未寨 擺營 未寨

哨산 探탐 伏軍 ○ 擡대 鋪포 坐更軍鋪 ○ 安안 臺대 站잔 沿路築臺 謂之||||

提도 生ᄉᆡᆼ 生擒ᄒᆞ다 ○ 穿쳔 甲갑 갑옷닙다 ○ 戴대 盔회 투구쓰다 ○ 挑도 開개 通道

ᄆᆡ리다 ○ 穩온 住쥬 忽遇敵心 使不設備 ○ 使ᄉᆞ 詐작 營영 夜迫敵寨吶喊 心勢使之驚亂 ○

圍위 困곤 에워ᄊᆞ다 ○ 扼액 據거 扼據守關隘 ○ 吹취 海ᄒᆡ 螺라 고ᄃᆞᆯ부다 ○ 吶나 喊함

아오ᄅᆞᄒᆞ다 ○ 跳도 城셩 攻城時賈勇先登 ○ 跳도 寨채 攻寨時先越敵寨 ○ 跳도 船션 水戰

敵船 跳上 ○ 衝츙 鬪투 ᄣᅥ치다 ○ 拚판 命명 죽도록 ○ 鏖오 戰젼 어우러ᄊᆞ호다

下 ○ 穿쳔 入입 ᄯᅮ루지르다 ○ 抄쵸 尾미 抄襲敵後 ○ 斷단 後후 뒤흘

막다 ○ 放방 礮포 방포ᄒᆞ다 ○ 燒쇼 城셩 近城掘地埋火藥燃引線以之焚城者 ○ 放방 鳥냐

鎗창 上ᄐᆞ다 ○ 放방 九구 進진 連련 環환 鎗창 放ᄒᆞ다 ○ 用용 整정 對ᄃᆡ

撻달 箭젼 以桿之連枝弗根 ○ 鐵텰 蒺질 藜려 마ᄅᆞᆷ쇠

亂(란)箭(젼) 亂射之箭 ○ 剁(뒤)刀(닾)棍(곤) 헤뎌 두다 피쇄 ○ 用刀背(븨)砍(칸)으로 갈등

직다 ○ 用槍扎(쟈) 창으로 지르다 ○ 用叉(차)로 삼지창으로 지르다 ○ 用鉤(구)로

갈고리로 거러 다리다 ○ 用斧劈(부피) 도치로 새이다 ○ 用棒(방)打(다) 몽동이로 치다 ○

用棍(곤)打(다) 도리새로 치다 ○ 用小(샾)刀(닾)扎 갈로 지르다 ○ 劫(계)營(잉) 劫寨 ○

得(더)勝(싱) 이긔다 ○ 溜(리)邊(반)敗(배)走(주) 뎌브로 ᄃᆞ라나다 ○ 敗(배)散(산)了(랖) 흣터지다 ○

輕(킹)騎(기)減(잔)從(죵) 疾馳 輕騎 ○ 裹(고)帶(대)口(쿠)糧(량) 去其輜重 各持口糧 ○ 追(쥐)趕(간) ᄯᆞ로다

○ 尾(위)追(쥐) 躡後追敵 ○ 趕上(상) ᄯᆞᆯ와 밋다 ○ 追獲(호) ᄯᆞᆯ와 잡다 ○ 滅(메)了(랖) 멸ᄒᆞ다

○ 剿(쟢)除(쥬) 剿滅 破敵 收兵 率衆 ᄒᆞ다 ○ 梟(시)首(듀) 梟首曰 | ○ 生擒賊首斬之梟首 ○ 報(반)

捷(재) 첩서올리다 ○ 放(방)槍(챵) 지믈노 ○ 搶(챵)擄(로)人(인)口(쿠) 人口노략ᄒᆞ다 ○ 投(투)

降(향) 항복ᄒᆞ다 ○ 招(잪)降(향) 항복받다 ○ 凱(캐)歌(거) 戰勝回兵馬上唱歌曰 | |

査차功공牌패 兵部査軍功紀簿 ○ 叙셔功공 査其功勞以爲○賜之

實是於第之謂

名밍 先陷陣之人錫以 ○ 獎장武우牌패 軍功登錄

威勇受賞以獎之 言ᄂᆞᆫ銀牌 ○

步射類

㢮왕下하射셔 아리로향ᄒᆞ여쏘다 ○ 掩엄箭산 살ᄎᆞ다 ○ 搭다扣구 살먹이다 ○

大다指자勾무弦한 각지손거다 ○ 二늡指 握베扣구射셔 두손ㅅ가락으로 살오니 ᄲᅥᄃᆞ리다

拉라弓궁 활ᄃᆞ리다 ○ 拉滿만 그ᄃᆞᆺ다 ○ 撒사放방 각지손셔히다 ○ 捽쉐手부

撒放 뒤ᄲᅥ하다 ○ 中중了료 치다 通稱맛 ○ 肯큰中 잘맛치다 ○ 箭잔之

中 失ᄉᆞ치 맛치다 ○ 揉양子ᄌᆞ好함 弓品 쓰다 ○ 不부離리箭 把바 관혁ᄉᆞ 치가다 ○

搭자的디準쥰頭투 던흠 ○ 一이挑됴箭잔 제터에 가ᄂᆞᆫ살 ○ 挑遠완 멀리쓰다 ○

向향上상射셔 고지쏘다 ○ 射셔能ᄂᆞᆼ頭투 쏘다고도리 ○ 射셔撒子箭 ᄉ잔 鏃

箭쓰다 ○打다彈단弓궁쓰다 탄조 ○箭잔去킈的디遲치 살느리게가다 ○箭

磁쿵回휘來대ᄒᆞ다 살되혀오다 ○箭中즁冒맏起키 살이관혁맛고쒸여나다 ○半반[illegible]

到닾 살이즁간에 ᄯᅥ러지다 ○地디出츄溜리 살이ᄯᅥ히스쳐가다 ○箭잔滉황出츄去킈

살흔더기가다 ○弓궁拉라的디淺쳰 활ᄆᆞᆨ쟉지못ᄒᆞ다 ○拉라硬잉弓궁費븨力리 强弓

難用壯 ○拉滿만又우退퉤回휘 만쟉ᄒᆞ다가 가ᄂᆞᆯ우다 ○放방箭잔吐투信신子즈

살졸라 ᄯᅥ히다 ○弓궁弦햔打다臉랜打다袖식 시위ᄐᆞ다마치히다 ○放방箭잔手셕動둥

살ᄯᅥ힐제 좀ᄯᅥ다 ○

騎射類

射셔馬마箭잔 쏘다 괴추 ○花화馬마箭잔 괴추각양 ○走조馬마倒[illegible] 마지

撒사馬마處츄 몰시작ᄒᆞ여 ᄂᆞᆫ다 ○開캐弓궁 활ᄂᆞᆫ다 ○掯帽맏子즈

판혁변조다 ○ 兜底射두뎌셔 리추판혁쳐 지여쓰다 ○ 帽子䟕起모즈붕기 리추ᄉᆞ고

지살마자 버서지다 ○ 放馬搭扣模索방마마쿠모소 放馬搭箭之陰套 皇着恩之故 ○

우랸 悞了 무겁지 배치다 ○ 蕩子直탕즈지 리추길 바로가 ○ 裹了고랸 리추ᄉᆞ 몰바로

다가 ○ 張了쟝랸 리추ᄉᆞ몰 비도다

騙馬類

騙馬편마 몰ᄐᆡ 쒸여 오르다 ○ 攛鬃大上촨중다샹 갈기잡고 쒸여오르다 ○ 喩腿두퉤

다샹 ᄒᆞᆫ발ᄲᅢ히고 大上 쒸여오르다 ○ 奪鞦大上도취다샹 고돌개잡고 쒸여오르다 ○ 掙차

腿大上퉤다샹 몰ᄯᅩᆨ차가며 쒸여오로다 ○ 攀鞍反背환안반븨 쒸여오르다 기르마잡고 ᄃᆞᆫ을

○ 拉鐙反背라등반븨 등ᄌᆞ 두리고 ᄃᆞᆼ으로 쒸여도로잡다 ○ 揷柳차류 후거리잡고 다리ᄲᅢ

ᄂᆞ려 쒸여 ○ 觔斗柳긴두류 후거리잡고 근두 치 쒸ᄂᆞ 두다 ○ 撒鐙싸등

滾곤上 倒등 피잡고 여투마 ○ 過고梭사 몯게 지버치마 파히쉬 ○ 順순風봉旗기

물우희 마르 누어가다 ○ 紡방車쳐上샹 물우희 좌우로 돌며가다 ○ 套탄雲윤環환 기르

마두르고 좌우로 저초ᄒᆞ고 마시 투다 ○ 驏잔騍깡 마상지비 ᄒᆞ논 듯 ○

撩跤類

對뒤撩랴跤갸 실홈ᄒᆞ다 ○ 撩跤人인 실홈ᄒᆞ논 사ᄅᆞᆷ ○ 摔솨搭다連랜 실홈ᄒᆞ논 옷 넘다 ○

撲푸拿나 권법ᄒᆞ다 ○ 對拉라 마조 ᄃᆞ리다 ○ 折져挫초 좌우로 ᄒᆞᆯ우기다 ○ 注왕

侯후擺쾌 뒤ᄒᆞ로 져치다 ○ 挫栽룽 힐우며 꼬채다 ○ 輪룬擇쾌 틀어뎌 지다 ○

混훈輪룬 어ᄌᆞ러이 두로다 ○ 注왕下해擘둔 그ᄅᆞ 바다 ○ 向향前챤拉라 압흐로 나ᄭᅳ다 ○

裡리勾구子즈 기역 ○ 掛과勾子 니기거러 드다 ○ 外와挨간子 밧ᄂᆡ기거 러누르다

裏縺찬勾 압흐로거 터감치다 ○ 斲두底디蹬포脚끄 ... 쓰다 ○ 架깨梁랑

踹포 脚교 지다고 ○ 按안 顙보 子즈 踹脚 복슬누루고 죡치다 ○ 老란 牛뉴 背븨 등궁

이에 붓치다 ○ 扛캉 口쿠 袋대 메여 더지다 ○ 使씨 絆반 子즈 공둥이에 붓쳐 더지다 ○

手셕 擎배 子 쫄거리 혼다 ○ 踹채 脚교 擎子 발등 드듸고 밀치다 ○ 扎자 掙졍

住쥬 너머져 가다 가도로여 타다 ○ 竟깅 倒닾 了 필경 너머지다 ○ 踏호 襠당 착히 들고

상홀 발며 리치다 ○ 仰양 面면 跌대 倒닾 자바지다 ○ 懸연 梁량 跌倒 手므쳘 치고 너머

지다 ○ 跌的디 脆최 소릭나게 너머지다 ○ 耐내 長챵 다시 쉬 ○ 敵디 不부 住쥬

디젹지 못ᄒ다 ○ 不부 是씌 對뒤 手셕 되젹슈 못되다 ○

畋獵類

相샹 地디 毆귀 戲시 더포와 셩보다 ○ 山샨 上샹 趕간 戲시 뫼히 여 셩 쫏다 ○ 哨샾

鹿루 사슴 허다 ○ 哨 麅팦 사슴삿기 허다 ○ 放방 圍위 산힘 노다 ○ 收석 攏룽 부

진편을 거두어오다 ○ 嚇허伏부臥워獸쉭 조리ᄒᆞ여 즘ᄉᆡᆼ 닷ᄉ 지 못ᄒᆞ게 ᄒᆞ다. ○ 獸擦치人인

過고 ᄂᆞ리가다 즘ᄉᆡᆼ이 사ᄅᆞᆷ ○ 抹머鞦치우射써 轉身射之後之獸 ○ 對뒤鐙등射써 가 ᄀᆞᆺ

온 즘ᄉᆡᆼ 산다 ○ 換환手쉬射 以左右射之從獸之向而 ○ 截재金쟈 길ᄀᆞᆯ ᄂᆞᆫ다 ○ 趕간獸

使ᄉᆡ回회 즘ᄉᆡᆼ 밧쳐 도로 ᄒᆞ다 ○ 些쎄微웨射써着쟌 살 맛다 ○ 中즁非뻬致지命밍

處츄 ᄂᆞ리 맛다 ○ 箭잰透투皮피 살이 피부 ᄉᆞ이 맛다 ○ 箭釘딩住쥬 살 박 히다

箭穿촨透橫훙担단 살이 ᄭᅦ여 두 ᄭᅳᆺ 뵈다 ○ 中즁獸淺쳰 맛치기 깁게 ᄒᆞ다

中獸淺챈 맛치기 엿게 ᄒᆞ다 ○ 傷상輕킹不부淂더 살 맛쳐 쟝 지 못ᄒᆞ다 ○ 傷重쯍必비

淂더 ᄎᆞ지 상ᄒᆞ다 ○ 射채頸두好할 살 힘ᄉᆞ 잇다 ○ 手쉭快쾌肯큰中즁 손이 살 잘 마치다

㺃쵸狗구 개 투기다 ○

殰鷹犬類

架鷹 매 받다 ○ 熬鷹 매 재오다 ○ 調練鷹狗 매와 개 길드리다

養過冬 通稱合성 복이다 ○ 墊板 매 방올 도다 ○ 脚絆 발예 민 긴노 ○ 網

嬰 두 매 맛는 망태 ○ 狗 指子 개 목에데 ○ 牽狗皮條 개 굿 비

武功部

軍器類

遮耳 투구 좌우 드림 ○ 護項 투구 뒤 둉챠 ○ 盔尾 투구 뒤ㅅ 드림 ○ 撩項 어

盔 투구에 니 머험은 ᄶᅡ긔 ○ 盔櫻 투구ㅅ 모 주ᄅᆡ ○ 盔頂上托子 투구 우희 박은 동ᄌᆞ긔

頂盤 동ᄌᆞ 회 바친 쇠 ○ 盔頂上筊子 투구 상모 ᄭᅩᆺᄂᆞᆫ 동 ○ 盔纓

頂 투구 상모 ○ 盔纓頂 투구 우희 삭지 항 바친 쇠 ○ 盔襯帽 투구 안토 ○ 暗甲

驍驗 兰ᄒᆞ ○ 護甲 護心 ○ 甲身 갑옷 몸 ○ 綿甲 뭇 소음 갑옷 ○ 紫

甲 갑옷 ○ 護肩 갑옷 엇게 덥는것 ○ 鳳翅 護肩 뒤희 붓친 사뢰 쇠

護心鏡 ○ 甲袖 갑옷ᄉᆞᄆᆡ ○ 亮袖 ᄆᆡ갑옷ᄉᆞᄆᆡ ○ 甲前脅

갑옷앏 엇기 ○ 護膊 갑옷뒤 으로 ○ 遮縫 갑옷드ᇰ 마ᄀᆞᆫ것 ○ 甲裙 갑옷

아ᄅᆡ ᄉᆞ동 ○ 護膝 갓 ○ 甲葉 갑옷 편울 ○ 甲裙綁葉 갑옷 아ᄅᆡᆺ

동에 박은 광 친 편울 ○ 甲釘 편울에 박은 광두 쳥 ○ 盔牌子 盔之後垂

大概以表識 ○ 盔甲罩 우비 ○ 風寒帽 ○ 虎帽

綿甲所着之帽 以虎頭形 ○ 虎衣 綿甲所着之衣 ○ 虎裙 綿甲所着之裙

虎褲 綿甲所着之褲 ○ 纏膊 ○ 搭箭

도민 활 ○ 長箭 ○ 木鏑

활 ○ 魚鰓 ○ 通箭 ○ 吸

扳指 ○ 木弓 ○

雙[쌍]機[기]弩[누] 두고쏘는 ○彈[탄]弓[궁] 활 탄天 ○披[피]箭[잔] ○付[부]天 翎直

而鏃厚射鬪用者 ○尖[첨]披[피]箭 尖鏃之披箭者 ○齊[제]披箭 秤鏃如摩

細相扣者 ○月[월]牙[아]披箭 鏃如半月形者 ○叉[차]披箭 鏃如叉形者 ○

燕[연]尾[위]披箭 鏃如燕尾形者 ○小[쇼]披箭 披箭之小者 ○抹[말]角[각]

披箭 鏃如刀刃形者 ○梳[소]脊[쳑]披箭 鏃如梳背形者 ○哨[쵸]子[즈]披

箭 箭鏃四面有刃者 ○鏵[화]鈇[부]披箭 鏃如鏵生用於射虎 ○鏵子箭 ○

棲[져]子哨[쵸]披箭 鏃如棲子形者 ○射[셔]虎[호]弩箭 射虎之弩鏃上弓倚箭

○大[대]披箭 形如大斧而善者 ○哨[쵸]箭 鏃以骨為鏃者 ○長[장]

哨箭 箭鏃之上圓下有四孔者 ○牛[우]角[각]哨箭 以牛角為鏃者 ○

把[파]箭 箭柳葉 ○射[셔]遮[져]把箭 者柳葉箭之細用於武試 ○梅[매]針[침]

箭者 箭鏃之用於戰場兩刃 ○ 鎗(창)頭(두)箭 箭鏃之形如 ○ 火(호)
燎(쏘)桿(간)箭 皮 箭幹之焊火者 ○ 長披箭 箭鏃之大者 ○ 快(쾌)
哨(ㄱ소) ○ 尖頭箭 以箭鏃尖往ㄱ 射鳥者 ○ 兎(투)叱又箭 거리 ○ 살
鏃有四叉如虎爪 ○ 龍(방)頭 고도리 ○ 四(쓰)方(방)龍頭 龍頭之四稜者
形者可射雉兎
○ 馬(마)箭龍頭 龍頭之用於路射者 ○ 靫(?)子龍頭 고도리 방하살
○ 馬箭尖龍頭 有龍頭而有孔 兩面箭者五稜之上有一脊之上有齒者 ○
吾(우)眼(얀)龍頭 龍頭之有孔者 ○ 射(?)鉎(위)又箭 者 箭鏃之有五叉者用於射魚
○ 水(쉬)箭 箭鏃之纏絲者 用於射水鳥 ○ 鴨(야)嘴(쥐)箭 鏃如鴨嘴者 用射水鳥
○ 墩(둔)子箭 無鏃箭 ○ 有(야)翎(링)無(우)鏃(?)箭 有翎無鏃之箭 ○ 蓬(?)矢(씌) 쎙살
一(이)枝(지) 箭之一根 謂之一枝 ○ 大(다)刀(단) 大刀 ○ 挑(턒)刀 大刀之長桿者 ○ 腰(얖)刀 環刀 ○

玲(령)瓏(룡)刀(됴) 리화 흔 화도 ○ 庫(쿠)刀 寶刀之藏于武庫者 ○ 斬(잔)馬(마)刀 陣上斬馬之刀

腰(럐)刀 舞于時亾用之刀 ○ 順(쓘)刀 短劍 ○ 攮(낭)刀 匕首 ○ 小(쌒)刀 갈 ○ 刀

刀上(샹)小(쌴)叉(차) 刀鞘上亾插之小叉 ○ 鉤(구)鐮(랜)鎗(쟝) 鎌刀上有倒鉤者 ○ 手(쎡)鎗 先鋒所用

[illegible] ○ 戈(거) 單枝戈ㅣ ○ 戟(기) 雙枝戟ㅣ ○ 鞭(삔) 鐵鞭 ○ 鐧(깬) 鐵鞭之有四稜者 ○

鐵(태)尺(치) 鐵鞭之類 ○ 叉(차) 쇠못쟝이 ○ 鑽(잔)子(즈) 쟝에 혹 ○ 虎(후)鈀刺(칅)子

虎鎗 세ㅅ 무딘나모 ○ 扒(바)子 通鋪 조븐 ○ 棒(방) 몽동이 ○ 單(단)手(석)棒 흔손으로

쓰는 봉동이 ○ 稍(쏘)子棍(군) 새 도리 ○ 藤(등)牌(패) 방패 ○ 撈(래)子 메 ○ 雲(윤)

標(티) 구룸 드듸 ○ 鹿(루)角(갸) 거마적 ○ 渡(두)水(쉬)皮(괴)混(훈)沌(둔) 물건널 제 쓰는 즘싱의 동가족

水(쉬)帶(대) 著油籐皮 渡水時用 ○ 礮(관) 대포 ○ 鳥(냐)銃 조총 ○ 眼(얀)銃 三眼銃

自(즈)來(래)火(호)鎗 接火鐵端夾火石撞火門鐵而自生火之銃 ○ 風(봉)鎗 바람으로 불되 허마초여 노히는

훙 ○ 線(샨)鎗 比防鎗失而長用於備禦 ○ 鎗斗(두) 훙머리에 뭇히으쇠 ○ 鎗星(싱)

훙부리에 뭇힌은쇠 ○ 鎗堂(탕)内(늬)装(광)藥(요)處(츄) 약훙키 ○ 火(호)箭(잔) 신젼 ○

焇(햑)藥 약키 ○ 鉛(잔)子(즈) 탄환 ○ 鉄(대)砂(샤)子 뭇즘쇠 는돈철환 ○ 藥信(신)

火門藥線放大砲時用 ○ 焇藥葫(후)蘆(루) 돈귀박 ○ 九(구)龍(룽)袋(대) 화약넛는아 흠낫넛흘개

棹(잔)簾(렴) 戰船戰車에 치는휘장 ○ 蜈(우)蚣(궁)繂(듸) 旗杆幅之筋成鎗齒形者 ○ 梆(방)子(즈)

木析之數用以發衆者 ○ 麻(마)搭(다) 長桿裹鬆麻以救火之具 ○ 擷(지)桶(퉁) 救火之具 ○

製造軍器類

釘(딩)子(즈) 鈀(바) 다 좃박 ○ 配(픠)子 銲(한) 스다 시위연 ○ 鉶(방)貼(대)折(쇠)處(츄) 돈나 활에

모부시 치다 ○ 腿(퇴)弓背(배)上(상)子 아리에 서이 고활짓다 ○ 端(돤)子 활촉 잡다 ○ 鄭(새)子

활지우다 ○ 弓弩 시위 녹다 ○ 子 鞄(바) 시위 뜨다 ○ 子 没(무)底(디)子

활세여들어오지아니타 ○弓弰궁샤 활고자 ○弣子부즈 살오니 ○弓墊子궁댠즈 도고

리 ○弦햔搭다 시위 ○弓套子궁탈즈 활집 ○砑平야핑 힘잇근디다

撑넝箭쟌翎링 살짓무치다 ○砑箭翎 살짓조ᄋ ○火호燎랸箭桿간 살ᄉ대

대싸 굽다 ○箭鐵래寬콴肩간 살촉너르 ○箭鐵脊지 살촉ᄆ른 ○二이

禾부箭翎 살짓 흔부 ○撇반拮재 지각 ○箭把바子 치관 ○布부把

孚 帿후 ○鞁子즈 방ᄒ ○紅훙心신 관 ○法바子 관혁가온되ᄭ 무에부ᄃᆫ들

箭擋당子 관혁뒤에 살막ᄂᆫ것 ○刀댜踶후手쇼 양마쇠 ○刀把바頂딍束슈

칼자ᄅ 웃막이 ○

撒袋弓鞍類

撒사袋대 살동개 ○撑쳉鞍차 살동개에부ᄌ흔 ○弓궁鞍 활동개 ○

鳥 翅 環 동새끝희 ○ 背 的 箭 桶 동에지는젼동 ○ 弓 罩 활
우비 ○ 箭 罩 살우비

鞍轡類

方 腦 鞍 가지뒨훈기르마 ○ 尖 腦 鞍 가지샢죡훈기르마 ○ 槊 鞍 어린아희
드는기르마 ○ 韂 屜 鞍 빡연지훈기르마 ○ 鞍 奩 기르마가지 ○ 鞍 板
過 梁 皮 걸피 ○ 肚 帶 비人대 ○ 靽 肚 뒤비人대 ○ 韉 ᄃ래
屜 연치 ○ 駝 駝 屜 야디연치 ○ 鐙 盤 등ᄌ바탕 ○ 繮 구레 ○
搭 腦 구레ᄲ되거리 ○ 嚼 子 마함 ○ 扯 手 혁 ○ 偏 韁 곳비
攔 韁 빗곳비 ○ 攀 胸 가슴거리 ○ 鞦 후거리 ○ 鞖 鞦 된빌
치 ○ 玲 瓏 餙 件 디화훈장식 ○ 常 行 餙 件 즘장식

人部

鞭穗(반쉬) 채열

人類

滿洲(만쥬) 太祖高皇帝姓愛新覺羅氏先世居于長白山之東鄂謨輝俄多里城建國號曰滿洲
後從赫圖阿剌遷今之興京之旁居諸部之或平或附者共六十六部皆爲ㅣㅣ ○滿洲臣僕(쥬) 野人之最
[illegible]老 ○徒弟(두디) 通稱弟子 ○學生(혹싱) 學徒 ○太監(태감) 宦官 ○校尉(교위)
擡輦轎執仗伏者 ○舍人(셔인) 舍內差從之人 ○門子(믄즈) 인로 ○小馬(쇼마) 各衙門看
該管人之馬者 ○夥伴(호반) 通稱 동임 ○馬牌子(마패즈) 驛卒 ○走遞(주디)
步撥 ○捕役(부역) 도적잡는사람 ○庫丁(쿠딩) 各庫差役 ○巡捕(쉰부) 巡捕軍
打更人(다깅인) 更夫軍 ○仵作(우조) 捡屍者 는놈 ○穩婆(운포) 捡屍女又收生婆 ○
花戶(화후) 舍內米穀 斗量之人 ○網戶(왕후) 漁夫 ○車戶(처후) 預備出車之人 ○車

夫부 趕車之人 ○ 縴긴杷기 直稱 즈름 ○ 人牙인야子ᄌ 人ᄆ 買賣ᄒᄂᆞᆫ즈름 ○ 炉르頭트

아치 ○ 梢차夫 從軍 漕川 ○ 水手슈슈 사공 ○ 水脚 從 搖船上下扛之人 ○

搭다縴재匠쟝 가슈슈 ᄆᆡᄂᆞᆫ놈 ○ 翻반跳夫 船上支撑之人 ○ 牌패頭두 十家統之首 ○

莊쟝頭 마름 ○ 園원頭 원두한이 ○ 園戶후 동산직이 ○ 長쟝工 ᄒᆡ 맛ᄂᆞᆫ놈 人工 공인

短단工 날품 팟ᄂᆞᆫ놈 ○ 僱工 ○ 木목匠쟝 ○ 船션匠 빈 ᄆᆡ 오ᄂᆞᆫ놈 ○ 尾匠

11 ○ 商상人인 通稱 商賈 ○ 販반子ᄌ 도보 장ᄉ ○ 打다牲人 산 장ᄉ이 ○ 鷹응把비式

剃쉬 ○ 對쉬戶 ᄂᆡ모 집으 ᄂᆞᆫ사ᄅᆞᆷ ○ 樵쵸夫부 ○ 放방馬人 ○ 廚

子 ○ 喇라嘛마 僧 西番 ○ 女뉘喇嘛 女僧 西番 ○ 和쥬尚샹 ○ 尼니

僧승 ○ 師ᄉ兄 僧家徒弟相呼之稱 ○ 師弟뎨 僧家徒弟自稱之語 ○ 醫의

生 ○ 獸醫 ○ 稅 神人 ○ 媒人 ○

算命人 팔ᄌᆞ보는사ᄅᆞᆷ ○ 相面人 샹보는사ᄅᆞᆷ ○ 話術人 환술ᄒᆞ는사ᄅᆞᆷ

樂人 풍류아치 ○ 說書人 니야기ᄒᆞ는사ᄅᆞᆷ ○ 會唱人 노릭브르는사ᄅᆞᆷ

戲子 〃〃 ○ 歌童 〃〃 ○ 奴僕 ᄉᆞ나희죵 ○ 使婢 계집죵

長隨 跟隨 ○ 跟馬人 죵ᄌᆞ ○ 牽馬人 몸죵 ○ 散

跟奴僕 되도래 ᄌᆞ죵 ○ 兩輩奴 父子爲人奴者 ○ 三輩奴 祖子孫爲人奴者

四輩奴 四代奴 ○ 至五代奴 ○ 擄來人 被擄ᄒᆞᆫ사ᄅᆞᆷ ○ 女細

年中 細作 ○ 送信人 探知人 ○ 逃人 도망ᄒᆞᆫ사ᄅᆞᆷ ○ 乞丐 거지 ○ 白

丁 신역업ᄂᆞᆫᄌᆞᆯᄂᆞᆷ ○ 閑散 ᄇᆡ실업ᄂᆞᆫ사ᄅᆞᆷ ○ 孤主人 孤子依之人

人倫類

爹 아비 ○ 娘 어미 ○ 公公 싀아비 ○ 婆婆 싀어미 ○ 乳

父부 ㅣㅣ ○ 乳母무 ㅣㅣ ○ 奶내母 乳母尊稱 ○ 奶公 乳父尊稱 ○ 嬸母

叔母 ○ 從종弟디兄흥 四寸兄弟 ○ 再재從弟兄 六寸兄弟 ○ 三삼從弟兄

八寸兄弟 ○ 族죡弟兄 十寸兄弟 ○ 大다伯버 맛아ᄌᆞ비 ○ 弟婦부 수뎨 ○ 小산

叔슈 아ᄌᆞ씨 아ᄌᆞ바ᄂᆡ ○ 妯슈娌리 뎨섭 동셔 ○ 媳식婦 며ᄂᆞ리 ○ 堂당姪재 從兄弟之子

從죵堂姪 再從兄弟之子 ○

親戚類

丈쟝人인 뷔부 ○ 丈母무 뷔모 ○ 姑고 고모 ○ 姑父부 고모부 ○ 舅구 舅

外외 삼촌 ○ 舅母 외삼촌 외뎨 ○ 大다姨이父 큰이모부 ○ 大姨母 큰이모

姐개姐 맛누의 ○ 姐夫부 맛매부 ○ 連련襟긴 ᄉᆞ나희 동셰 ○ 妹매子ᄌᆞ 아ᄋᆞ

누의 ○ 小쇼姨夫 아ᄋᆞ 동셰 ○ 大姨 쳐형 大姑구 맛누의 ○ 小姑

누의 아ᄋᆞ ○ 小姈 아ᄋᆞ오라비 쳐 ○ 小姨 쳐뎨 ○ 妻兄 쳐남 못 ○

妻嫂 못쳐남의 쳐 ○ 妻弟 아ᄋᆞ쳐남 ○ 妻舅婦 아ᄋᆞ쳐남의 쳐 ○

女婿 사회 ○ 姑表親 内外ㅅ親 ○ 親家 사돈 ○

老小類

同歲 동갑 ○ 上年紀了 즁년 되다 ○ 眼花 눈 흐리다 ○ 耳

遂 다리 먹 ○ 沒牙 니 ᄲᅡ지다 ○ 腰走了 허리 굽다 ○ 拄拐子

등 굽다 ○ 絮叨了 흔말 흔다 ○ 諄晦了 망녕 젓다 ○ 未經

勞苦 일 ᄭᅥᆨ지 못흐다 ○ 沒生子 遺腹子 ○ 福月 위흔이 휘 草 痛 ○

伶俐 됴 ○ 未出花小兒 역질 못흔 아희 ○ 出謝了 예 츠 부다

出息了 예츠다 ○ 小兒纔會走 아희 거름 흔다 ○ 撒嬌 어리광 흔다

擻賴래 아히 보채다 ○ 認연 生싄 아히 낫서 려 ᄒᆞᄃᆞ ○ 喫 氣 계 혀 즈레 ᄒᆞ다 ○、

人身類

傷생 原원 身신 셩령이 졔 모양 곳다 ○ 辮반 子즈 호송치 ○ 水쉬 鬢빈 ᄂᆡ 집이 살적

匝자 髻기 ᄃᆡ 집의 상토 ○ 頭드 髮바 分본 道다 ᄆᆞ리 즈 ○ 頭 髮 旋 窩 쇤 워

[illegible] 가 가리 마 ○ 腦 頂뎡 다 암 뒤 ○ 前쳔 奔본 顱루 니마 머니 다 ○ 鼻비 翅치

코人 방울 ○ 重츙 舌써 목졋 ○ 門문 牙야 앏니 ○ 虎후 牙야 송곳니 ○ 大다 牙

아ᄂᆞᆫ니 ○ [illegible]반 牙 엄니 ○ 重 牙 덧니 ○ 牙 縫봉 닛삿 ○ 牙 花화 닛人

부 ○ 巧갼 舌 입하놀 ○ 鬍후 鬚쉬 나롯 ○ 連렌 鬢빈 鬍 구레나롯 ○

手쇼 丫야 손ᄉᆞᆺ ○ 奶내 頭드 졋 ○ 奶 頭 嘴쥐 졋곡지 ○ 大다 腿퉤 넙덕

다리 ○ 膝치 蓋당 다리삿 ○ 馬마 面먄 신다리 ○ 脚갸 面 발등 ○ 攬 筋긴

뒤훙아 ○ 脚丑根근 발ㅅ뒤축 ○ 脚底디 발ㅅ바당 ○ 脚[illegible]리 가리ㅅ뼈 ○

琵피琶파骨주 죽지ㅅ뼈 ○ 尾이骨주 꽁문이ㅅ뼈 ○ 踝화骨 발회목ㅅ뼈 ○ 核후

桃타骨 복셩아ㅅ뼈 ○ 尿뇨脬파 오좀통 ○ 汗한湿시透투 땀배다 ○ 喀카痰탄

다 박가 ○ 眼얀眵치 눈ㅅ곱 ○ 麩부皮피 비듬 ○ 擤싱鼻비涕티 코프다 ○

出츄小샤茶차 오좀누다 ○ 出츄大다茶차 똥누다 ○ 小샤兒얼撒사尿시 아히오좀누다

容貌類

生성相상好한 삼긴것됴타 ○ 稀히相好 형용됴타 ○ 面면貌먄相샹似ㅅ 형용굿다 ○

麻마子즈 얽은이 ○ 雀찬癍반 죽은깨 ○ 瘊우子 사마괴 ○ 米미口구袋대

쥐젓 ○ 白버癜댠風봉 박박다 ○ 高갇條탿 호리호리ᄒᆞ다 ○ 藐먀窕탸 몸뻐호ᄒᆞ다

醜추陋루 모양추악ᄒᆞ다 ○ 近긴視시眼얀 ㅣㅣ ○ 瞎챈朦뭉眼얀 박의못보는눈 ○ 眼

乾僂 눈헐ㅅ덕ᄒᆞ다 ○眼珠圓大 둥구리ᄒᆞᆫ눈 ○大睁着眼 눈부

릅뜨다 ○直瞪着眼 눈을그ᄅᆞᆺ보다 ○賊眉鼠眼 ᄒᆞᄂᆞᆫ곳보다 ○展

眼 눈곳ᄶᅡᆨ이다 ○耳朶 귀붓다 ○鼻塌 코납족ᄒᆞ다 ○鼻扎 코벌

죽ᄒᆞ다 ○撅嘴 입ᄲᅧ죽ᄒᆞ다 ○扁嘴 입넙죽ᄒᆞ다 ○閉着口 입담무다

身材高 킈크다 ○緊就 딥씨잇다 ○矮子 킈쟉은이 ○矬子

난쟝이 ○粗胖 몸ᄀᆞ르되지다 ○駝背 등곱다 ○胖子 ᄉᆞᆯ진

이 ○略苯 이둔ᄶᅡᆨᄒᆞ다 ○胖的可厭 ᄉᆞᆯ져ᄎᆞᆼᄒᆞ다 ○面有嗔色 ᄂᆞᆺ빗

臁黑了 벗기고스다 ○臉泛紅 ᄂᆞᆺ붉히다 ○氣的髮乍 성내

여ᄃᆡᄅᆞ니 러너다 ○無意思 흥황업다 ○淸減了 尊顔 ᄯᅢᄒᆞ다 ○狠瘦

ᄒᆞ다 ᄆᆞ장패 ○

性情類

造잔底디 졍ᄒᆞᆫ 팔ᄌᆞ ○ 有우識시見깐的디 식견잇ᄂᆞᆫ이 ○ 想샹着죠 싱각ᄒᆞ다 ○ 想

起게 싱각나다 ○ 思ᄉᆞ量량 싱각ᄒᆞ여 혜아리다 ○ 心신內늬放방不부開개 ᄆᆞ음에 노치못ᄒᆞ다

忽후想起 문득 싱각ᄒᆞ다 ○ 舒슈展잔 연흘녀ᄋᆞ러온이 ○ 籌쥬着죠了랴 헤아

려 맛치다 ○ 乙쪙合허着죠 마치 맛다 ○ 黙머ᄀᆞ的디 족으로 ○

福祉類

有우造잔化화的디 ᄉᆞ망잇ᄂᆞᆫ이 ○ 甚션是시造잔化 ᄆᆞ장 ᄉᆞ망잇다 ○

富裕類

人인多도熱여鬧뇨 사ᄅᆞᆷ만하 위젼ᄌᆞ런ᄒᆞ다 ○ 有우力리人인家가 가력잇ᄂᆞᆫ이 還환過거

得더 요지벌 만ᄒᆞ다 ○ 有産찬業여 세간잇ᄂᆞᆫ이 ○

孝養類

行(힝)孝(햐) 효도ᄒᆞ다 ○

友悌類

行(힝)弟(디)道(닾) 아ᄋᆞ노릇ᄒᆞ다 ○ 有(익)商(샹)量(랑) 의논샹잇다 ○

仁義類

可(커)愛(애) ᄉᆞ랑ᄒᆞᆸ다

忠清類

忠(즁)的(듸) 튱직ᄒᆞᆫ이

聰智類

懂(둥)脉(며) 보ᄂᆞᆫ이 料(럎)事(씌)不(부)差(차) 일헤아려고 보지아니ᄒᆞ다

德藝類

有욱主쥬宰재 잇다 쥬장 ○ 有內녜囊낭 잇다 속종 ○ 儘진可가以이 ᄒᆞᆯ ᄒᆞᆷ

在재行항 본리 아다 ○ 要수脆거星성 일이애 쉐업다

厚重類

大다方방 거륵ᄒᆞ다 ○ 懶코信신得더 밋엄즉ᄒᆞᆫ이 ○

親和類

待대人인親친熱예 은ᄌᆡ이치 졍ᄒᆞ다 ○ 相샹熱슈 서로친숙ᄒᆞ다 ○ 使씨熱了랴

防디 손에 부 온것 ○ 滿등同퉁 ᄒᆞᆫ가지로 ᄒᆞ다

省儉類

善산把바持치 잘잡 피다 ○ 不부濫란費븨 람비치 아니다

黽勉類

要(수)休(휘)息(시) 쉬지 아니다 ○ 不(부)躱(도)懶(란) 일에 게으ㅅ지 아니다 ○ 儘(진)力(리) 힘 씃 흔다 ○

拚(팬)命(밍) 죽도록

勇健類

擔(단)當(당) 당당흔다 ○ 敵(디)得(더)住(쥬) 일을 이긔여 흔다 ○ 耐(대)得(더)住(쥬) 견디다

精(징)神(신)好(한) 졍신 죠다 ○

名譽類

有(익)名(밍)的(디) 일홈 잇는이 ○ 咩(깦)名(밍) 일홈 부르다 ○ 表(뱦)字(즈) 즈 ○

稱奬類

可(커)嘉(갸) 아름답다 ○ 果(고)真(젼)好(한) 과연 죠타

44a

問答類

幾기時쌔 제연 ○怎즌麼모 엇지 ○甚썬麼 엇뎌 ○為위何호 엇지ᄒᆞ여 ○何様양 엇드시 ○何處츄 어듸 ○怎様子쟌 엇지ᄒᆞᆫ 엇ᄂᆞ니 ○做조甚麼 엇ᄒᆞᆫ 무냐 ○說쇼甚麼 上同 ○這져不부是씌麼모 이것아니냐 ○那나裡리 어듸 ○幾기個거 면 ○有우麼 잇ᄂᆞ냐 ○沒무麼 업ᄂᆞ냐 ○好하麼 무ᄒᆞᆫ냐 ○是씌 올타 ○果고然산 〃〃 ○瞞만不부過고 속지아니ᄒᆞ리라

觀視類

使씌人인往왕看칸 사ᄅᆞᆷ 보내여보라 ○注쥬目무看 눈ᄲᅩ아보다 ○一이晃황看칸見갼 번ᄯᅳᆺ 보다

聆會類

聽見 팅갠 듯다 ○ 曉得 햐더 씨치다

喚招類

你瞧 니챺 네보라 ○ 這箇 져거 通稱이又 呼在旁不知名之人之辭

詳驗類

尋找 쉰잔 춫다 ○ 翻找物件 판잔우잔 믈건뒤져춫다,

催逼類

急着 기죠 급히ᄒᆞ라 ○ 快着 쾌죠 섈리ᄒᆞ라 ○ 早着些 잪죠셰 일즉이ᄒᆞ라 ○

遲悞類

慢性 만싱 ᄂᆞ린셩이 ○ 落後 로후 뒤셔지다 ○ 遲悞 치우 어긋나다 ○ 半路 반루 行路

這半程事ㅗ之半 ○ 半途廢事 반투픠ᄉᆞ 즁도에폐ᄒᆞ다 ○ 躭擱 단거 일두

에거쳐 머무다○

倚靠類

眞(전)叢(찬)得(더) 진실로 믿기다○

取與類

送(숑)給(기) 보내여 주다○ 使(이)接(재)受(셕) 받으○

助濟類

幇(방)助(쥬)通稱 돕다○ 看(간)顧(고) 돌보다○ 虧(휘)他(타)稱人之恩 ㅁㅣㅣ○

均賑類

挪(노)補(부) 절쟝보단ᄒᆞ다○ 彼(피)此(ᄎᆞ)對(뒤)挪 밧고와 변통ᄒᆞ다○ 將(쟝)足(주)거의

믿다○ 僅(긴)足(주)계요 당ᄒᆞ다○ 將(쟝)敷(구)거의 당ᄒᆞ다○

漢語

地

漢語 地

皮革類

倭刀 靑黃毛 긴孤皮 ○ 掃雪 뷔답 ○ 貉皮子 가족 너구리 ○ 銀針

毛 희보 ○ 麥穗子皮 피 ○ 沙狐腓 뷔ㅅ가족 ○ 璉

毛 소옴 지 ○ 毛槍子 터지다 ○ 毛勾子 털깃몰 터이다 ○ 皮子

精子 가족 부다 ○ 綠斜皮 피 ○ 子光皮 흑 뢰

熟皮類 革

鋇皮 부되질 흐다 ○ 揉搓 부븨다 ○ 撏毛 털뜻다 ○ 撏皮

[illegible] 가족케 오다 ○ 揎皮 등가족 골박다 ○

穿脫類

摟衣 옷거두 잡다 ○ 敞胸 옷가슴 헤치다 ○ 剝衣服 옷벗기 지로다 ○

光着身 광죠션 벌거벗어

鋪蓋類

鋪墊 푸댠 通稱ᄭᆞ다 ○ 靠褥 캎유 지대히ᄂᆞᆫ자리 ○ 毡墊 잔댠 담방석 ○ 毡子 잔ᄌᆞ 담

棕毯 즁탄 종려털로ᄶᆞᆫ담 ○

梳粧類

篦 비 춤빗질ᄒᆞ다 ○ 紮頭髮 자투바 상토ᄶᆞ다 ○ 照鏡 쟌깅 거울보다 ○ 漱口 슈쿠 양치질ᄒᆞ다

飾用物件類

簪子 잔ᄌᆞ 빈혀 ○ 戒指 개ᄌᆞ 가락지 ○ 髮鬢 바빈 산상토 ○ 肥皂 픠잔 향비누 ○

香球 향큐 帳에두ᄂᆞᆫ향쥬머니 ○ 穿衣鏡 촨이깅 몸거울 ○ 洗臉盆 시랸픈 세슈대야 ○

澡盆 잔픈 목욕소라 ○ 牙刷 야쇄 사ᄉᆡᆺ조 ○ 剔牙杖 티야장 니쑤시개 ○ 耳挖 얼와 귀우

개 ○ 鑷(녀)子(ᄌ) 족집개 ○

剪縫類

剗(랍)窯(치) 도련ᄒ다 ○ 拏(나)搯(셔)子 주름잡다 ○ 對(뒤)縫(붕) 솔붓치다 ○ 行(항)湯(탕) 누비
다 ○ 碼(편)接(재) 가족부으다 ○ 縟(다)金(긴) 금ᄉ녀다 ○ 烙(로)湯(탕) 인도질ᄒ다 ○ 畫(화)湯(탕)
子 누비줄 ○ 寀(씨)衲(나) 박다 ○ 緣(안)过(빤) 그두루다 ○ 鑲(샹) 선두루다 ○ 出(추)風(붕)
毛(막) 털옷ᄀ두루다 ○ 綿(무)扎(쟈) 본옷기ᄋ너로 세보로다 ○

氈屋帳房類

圓(웬)氈(쟌)房(방) 둥근쟝막 ○ 帳(쟝)房 쟝막 ○ 布(부)凉(량)棚(픙) 일차 ○ 支(지)起(키)帳
房 쟝막치다 ○

包裹類

器皿部

一包이발 呑혼 ○ 緊긴 ㄷ 的디 通稱 산뜻 ○

器用類

卧櫃위궤 궤 ○ 竪櫃슈궤 장 ○ 抽屜추티 설합 ○ 鎖簧소황 잠을쇠살 ○ 鑰요

匙쳐 쇠열 ○ 匣子햐즈 져근상자 ○ 盒子호즈 합 ○ 腰子盒얀즈호 허리브른합 ○ 篾매

綠盒쓰호 대합 ○ 食盒싀호 층합 ○ 套盒탄호 오합 ○ 衣架이갸 옷거리 ○ 鵜林퇸쉬 석평

상 ○ 桌조 상 ○ 八仙桌바샨조 사룸여돌안논상 ○ 椅子이즈 교의 ○ 杌子우즈 등상 ○

繡墩식둔 슈방셕 ○ 油單傘유단산 우산 ○ 遮日傘져이산 일산 ○ 扇子산즈 부치

扇隆쉐 ㅣㅣ ○ 蠅帚잉적 파리채 ○ 撢子단즈 몬지더는것 ○ 笤帚탼주

덧뷔 ○ 掃帚산주 뷔 ○ 大碗다완 큰사발 ○ 蓋碗개완 두께잇는사발 ○ 銅碗퉁완

슈발 ○ 椰瓢야퍌 박 ○ 匙子치즈 술 ○ 銅匙 놋술 ○ 筯쥬 져 ○ 鍾즁

子 잔 一 ○ 又 ○ 螺로螄스盃븨 잔 쇼타 ○ 木무方방盤판 盤木 ○ 碟뎨子

시졉 ○ 小쇼菜채碟 시 쇼졉 ○ 托토碟 잔 디 ○ 茶차盤관 人디 차종 ○ 水비壺후

합쥬 ○ 執자壺 병귀 든 ○ 罌앙子壺 큰 비부 병 ○ 湯탕飯반罐관 관 탕 ○

酒쥬海해 금은으로 된 든 발 잇는 루 ○ 火호鍋고 탕 그릇 열과ㅅ ○ 大다鐵톄鍋 큰 가마 ○ 小쌴

鍋 솟 ○ 鏇쉔子 고노 ○ 銅퉁鏇子 고 퉁노 ○ 鈷구子 관 질탕 ○

銚댶子 관 차 ○ 鏟찬子 흔 차관 대 동 ㅈ ○ 火호壺후 로 신셜 ○ 蒸졍籠룽 지 뎍

데는 ○ 籠屜티 르 시 ○ 筅잔簾례 리 죠 ○ 擦차床촹 칼 치 ○ 肉유叉차子

창고 이 기 곳 ○ 馬마勺샤 기 ㅈ ○ 漏루勺 자 섯 ○ 木무瓢 쪽 나 바 모 ○ 薄보

刀 칼 식 ○ 木무郎랑頭투 메 ○ 趕간麵면杖장 홍두 국슈 개 미는 ○ 刷솨帚

술 ○ 抹머扒파 레 걸 ○ 推퇴扒 레 고미 ○ 抹布부 ㅈ 힝 ○ 撇폐 口루 缸강

부리너 큰독 ○ 罈子 단즈 항 ○ 瓶 핑 병 ○ 罐子 관 단지 ○ 長頸 창깅

甁 병목긴 ○ 尾瓶 와핑 병질 ○ 尾盆 푼 소라 ○ 火盆 호 화로 ○ 頂火 딩

불티 우 ○ 火提 티 메는 화로 ○ 柳罐 리관 버들로 만든 드레 ○ 桶 퉁 ○ 箍桶子 구퉁즈 테통 ○

皮包 피반 가족 부대 ○ 撥火棍 버화군 부지ㅅ대 ○ 搭連 다랸 대련 ○ 梢馬子 샤마즈

벌낭 ○ 口袋 쿠대 부대 ○ 半大口袋 반다쿠대 자근 ○ 錢囊 전낭 대 ○ 套 탈

子 ○ 麵桶 오는 집 ○ 繩 싱 ○ 絡子 락즈 노망 ○ 柳箱 리샹 석리 ○ 筐子 쾅즈

광조 ○ 燈 등 淸醬 칭장 白酒 ○ 簍 루 소 醬簍 ○ 油簍 유루 기름 광지 ○ 大簸 다포

籮 로 오함 고리 ○ 針 전 線 샌 簸 포 籮 로 바늘실 동고리 ○ 栲栳 란 斗 두 소금장담는 고리

爐 루 几 기 향노 밧침 ○ 香墩 향둔 지향섯 ○ 烟袋 안대 담배ㅅ대 ○ 火鏡 깅 불내

는 거울 ○ 吐沫 두머 盒 호 다구 ○ 痰盂 양 이둥그릇 ○ 刷子 ○ 帽

架걔 갓거리 ○ 架子 거리 ○ 簪잔子 는것 ○ 通插 뎝 ○ 花훠插챠 花枝

○ 花澆걀 花草에물흘리는그릇 씻는병 ○ 噴픈壺후 花草에물뿌리는병 ○ 耳을順슌

風붕 먼뎐사람보는동 ○ 千쳰里리眼얀鏡칭 視 ○ 顯핸微위鏡깅 크게뵈는안경

盈虛類

滿만盈잉 가득하다 ○ 容융得더下햐 용납하다 ○ 口袋쿠대 鼓彭 부대평평하다

雙單類

並빙蒂디 어우렁이 ○ 雙쌍層층 겹 ○ 單단層 혼층 又 ○ 獨두自쯔 혼자

又 ○ 惟위止자 생

多寡類

行항夥호 모흔동 ○ 這져些새 이러만히 ○ 那나些 저러만히 ○ 太태 太過 히

甚 너모 ○ 很 ᄒ극 ○ 着實 장ᄒ ○ 數不盡 혜지 못ᄒ다 ○ 物우

見使 아직 쓸 ᄃ 잇다 ○ 餘剩 남다 ○ 擁擠 만하 밀리이다 ○ 推

旋 무덕이 지다 ○ 將二的 요 ○ 稀少 드므다 ○ 些少 些 가약

稍殼 僅僅 ○ 些須 곰 ○ 能幾何 언머치리 ○ 大許 ○

增減類

減去 더다 ○ 很缺 ᄆ장 缺ᄒ다 ○ 盛的淺 又半 ᄭᄅ다 ○

量度類

一拃 長指 ᄒ뼘 ○ 半度 반 ᄇᆞᆯ ○ 度 ᄇᆞᆯ ○ 度量 다 ○

新舊類

很新鮮 ᄆ장 신신ᄒ닷 ○ 往舊了去 ᄂ리아가다 ○ 舊了

늙다 ○ 骯舊 무더ㄷ럽다 ○ 骯髒 垢 썩 ○ 銅鐵 鏽 녹슬 ○ 섥

將衣 달하반 반흔것 ○ 物落色 불색변흔다 ○ 黑舊 늙어검다

同異類

照樣 그대로 ○ 不隨合 상합지 아니타 ○ 天然一樣 천연이 굿다 ○ 另

樣다 ○ 另外 이밧긔 ○ 無涉 간셥지 아니타 ○

大小類

大些的 큼즉흔것 ○ 小些的 죠고만것 ○

破壞類

碎爛破 녹란이 석여지다 ○ 磨蹭 가ㄹ쳐지다 ○ 綻裂 혼솔터지다 ○

回扣 뒤덧누다 ○ 拌ㄷ糟破 예복이 노각되여지다

斷折類

撅折 브르지르다 ○ 齊杈折 브러지다 히나다 ○

斷腕類

瓜物爆起 瓜物이 터나다 ○ 椎子活動 맛춘것 흔들이다 ○ 椎子掰了 맛춘것 버러지다 ○ 刀簾碇出 칼이 칼집에 빠지다 ○ 繩

皮揪斷 노와가죽게 에쓴 헤지다 ○

孔裂類

成窟窿 구무나다 ○ 墻豁子 담 틈 ○ 豁口 우녀터 진 곳 ○ 衣

刮破 쯰쳐 터지다 ○ 壓扁 눌리여 납죽하다 ○ 磁物驚紋 사기금 조이 가다 ○ 骨角皴裂 骨角 틈난것 ○ 重皮 쳡 ○

營造部

諸物形狀類

囫圇후륜 온것 ○ 全的원디 그즌것 ○ 剛㪅강무 마다 유즈 ○ 身料션료 분수

○ 又 바탕 ○ 有楞的우릉디 모진것 ○ 對的尖뒤디잰 귀마춘것 ○ 禿尖투잰 뭇셕가리

붕스러ᄒᆞ다 ○ 宣軟쉰완 무릇무릇ᄒᆞ다 ○ 皷彭구퐁 ᄒᆞ다 ○ 彎완 휘다 ○ 骨丁구딩

도ㄷ타 지다 ○ 格ㄷ거 搭ㄷ다 的디 두들두들ᄒᆞᆫ것 ○ 東西둥시 傢개 物件 좀 져도되

다 ○ 滑溜화릭 믯그럽다 ○ 秀綹식릭 精緻ᄒᆞ다 ○ 嘴頭아 嘴巴 별쪽ᄒᆞ다 그릇부리

畧收些료무예 오곳ᄒᆞ다 ○ 畧仰些료양 들석ᄒᆞ다 ○ 畧俯些료부 조곳ᄒᆞ다 ○ 膀

脹쟝 둥ᄃᆞ다 ○ 羅鍋腰로고얀 구부ᄒᆞ다 ○ 壘堆뤼뒤 촐緞치 못ᄒᆞ다 ○ 下綹하무

아리 새다 ○ 上扎상자 우너럽다 ○ 無底物우디우 밋업슨것 ○

營造類

作조工궁 셩녕ᄒᆞ다 ○ 造조作작 ᄆᆡᆫ드다 ○ 酌쟉對뒤 ᄶᅡᆨ마초다 ○ 料랴估구 마련ᄒᆞ다

細시作조 졍히ᄒᆞ다 ○ 草찬草초作 추히ᄒᆞ다 ○ 物우做조咧례了랴 견양의셔 너르

고 크다 ○ 綃산薄보 연약ᄒᆞ다 ○ 好화看간不부堅갼牢랖 보암즉고 실치 못ᄒᆞ다 ○

不부動둥身션做조 박힌 두시안 ᄌᆞ일ᄒᆞ다 ○ 緊긴做 애써 밧비ᄒᆞ다 ○

塞決類

擠지住쥬 세이다 ○ 墊뎬補부 메오다 ○ 艌녠縫봉 틈메오다 ○ 倒[illegible] 되다 ○

淘토井징 우물츠다 ○ 鑽촨 ᄭᅳ어다 ○ 攃와 끌항츠다 ○ 剷찬 ᄶᅡᆨ다 ○ 鏢뱌平핑

ᄶᅡᆨ가 평히ᄒᆞ다

折鏇類

鏇[illegible]打다 두드리다 ○ 煅돤煉랸 다ᄅᆞ이다 ○ 燒샾紅훙 달호다 ○ 鎔융化화 녹이다

拉라風풍箱샹 풀무부다 ○ 煉련熟슈金긴 금여러번 녹이다 ○ 鍋궈補부 솟때다

截砍類

截재去큐 저르다 ○ 截재成청段돤 여러희 저르다 ○ 劈피燒샤柴채 나모 ᄲᅢ다

剁도 무수이 직다 ○ 鑄븐去큐 자피질ᄒᆞ다 ○ 磋쵸 다블 ○ 鉋반 대패질ᄒᆞ다 ○

鑿조 쯸질ᄒᆞ다 ○

煨折類

煨위彎완 불쬐여 휘오다 ○ 扳재成청彎 휘오다 ○

鏇錯類

鏇쉔做조 그리다 ○ 摝와去큐 우븨다 ○ 剜콰去큐裏리面먄 속의여 내다 ○

雕刻類

鏨잔花화 돗게기화ᄒᆞ다 ◯ 起치平핑花화 지화ᄒᆞ다 ◯ 鈒삽 입ᄉᆞᄒᆞ다 ◯ 鍍두金긴

금올니다 ◯ 鑲샹嵌깐 넙여박다 ◯ 彫댠 又양 섭삭임ᄒᆞ다 ◯ 각ᄒᆞ다 ◯ 剞수 죠희 메섭

뭇입ᄒᆞ다 ◯ 銃츙 鈥뎨眼얀 뒤에구무 뚤다 ◯ 釬한 새다

膠粘類

抹머 鰾뱌 부레칠 ◯ 麪먄子즈 풀 ◯ 褾뱌糊후 보토다 ◯ 打다 襯ᄎᆡ

褙븨 비졉ᄒᆞ다 ◯

銼磨類

蘸잔 鋼강 쇠 도ᄃᆞ다 ◯ 研야亮량 광치다 ◯ 煤믜炸자 금은등물 블에 뷔여 빗내다

砌苫類

金긴磚좐 박셕 ◯ 土투坯피 굽지아닌벽 ◯ 打다夯항 달고질ᄒᆞ다 ◯ 和호的디

泥니 흙 니긴다 ○ 鏝墻的灰 만향듸휘 회 면 ○ 抹墻 머쟝 벽 맛다 흙 면 ○ 用所 늉슈

회쁘다 ○ 苫茅草 산만찬 초가 베다 ○ 宽尾 외와 녜지다 재 ○

間隔類

走水 주쉬 ㅍ조 뚜에 엣드림 ○ 流蘇 류수 드림 상ㅅ ○ 圍屛 위핑 둘병 ○ 插屛 차핑

川 ○ 掛屛 귀핑 ㅈ족 ○ 屛遮 핑져 빙풍 치다 ○ 夾籬笆 갸리바 ㅈ치다 ○

拴結類

拴上 쵄상 매다 ○ 拴活扣 쵄호쿠 매고 내여 ○ 連絡 련로 서뢰 매다 ○ 搭拉 다라

着 쵸 매이다 ○ 拴的緊 이 든든 ○ 拴的搭搭 다 ○ 繩

子 즈 노 ○ 綠繩 대 삭

油畫類

船部

繪畵 그리다 ○ 上油 기름칠ᄒᆞ다 ○ 上漆 옷칠ᄒᆞ다 ○ 上礬光 다듬다 ○ 艌淸 쳥디 ○ 槽木朽黃 후황계 ○

剖解類

剖開 재이다 ○ 揭開 거더내다 ○ 조과실ᄶᅡ다

殘毁類

扯爛 다ᄯᅳᆺ다 ○

完成類

完結 일다ᄒᆞ다 ○ 完了 다ᄆᆞᆺ다 ○ 完的快 ᄲᆞᆯ리ᄆᆞᆺ다 ○ 眼下

就完 보ᄂᆞᆫ되즉시ᄆᆞᆺ다 ○ 妥當了 온당ᄒᆞ다 ○ 淨了 일ᄆᆞᆺ차간졍ᄒᆞ다

船類

趕繒船 큰 젼션 ○ 艭篷梢船 쌍돗단 젼션 ○ 拖風船 바람 마조 가는 비 ○ 樓船 집지은 비 ○ 貢舫 黃快船 공믈 싯는 누른 비 ○ 巡船 순라ᄒᆞ는 비 ○ 鳥船 진 비 ○ 匾子船 납은 비 ○ 鰍船 긴 비 ○ 兩尖船 두 섯긋 비 ○ 巴斗船 휘 모양 굿흔 비 ○ 渡船 거루 선 ○ 划船 녯 적은 믈에 드는 비 ○ 三板船 ㅣㅣ ○ 獨木船 마상이 ○ 樺皮船 가족 상이 ○ 刀船 눈깃 비 ○ 快船 고기잡는 비 ○ 筏子 쎄 ○ 篷 돗 ○ 船棚子 비집에 ○ 舵 키 ○ 鹿耳 돗대박이 나도 ○ 巴鼻 비ㅅ난대 반젼 ○ 天淩 蒙鼻 돗대 줄 ㄱ리는 도리 ○ 滑車 돗줄 다는 ᄃᆡ ○ 船頭 비ㅅ 니믈 ○ 船艄 비ㅅ 고믈 ○ 龍骨 빗 모롱이 등에 브친 나모 ○ 鐵錨 닷 쇠 ○ 木椗 나모 닷 ○ 拿舵 키잡다 ○ 篙 사회ㅅ대 ○ 使篙

車部

사화ᄉᆞ며 질ᄒᆞᄂᆞ다 ○ 搖산 櫓루 노젓다 ○ 槳쟝 빗겨스히 ᄂᆞᆫ나모 ○ 划화子ᄌᆞ 비젓ᄂᆞᆫ 가래 ○

棹잔 ᄉᆞ대 긴사 화 ○ 拉라 縴깐 으비ᄉᆞ 다ᄉᆞ ○ 簹당 繩셩 비ᄭᅳ으 ᄂᆞᆫ줄 ○ 跳탈 板반 ᄇᆡᄉᆞ

ᄃᆞ리 ○ 船底뎌 擦차 地디 빗미ᄭᅥᆯ을 니이다 ○ 船淺쳔 住쥬 비엿흔ᄃᆡ 걸리다 ○

車轎類

㸐산 轎깐 모쟝친 교ᄌᆞ ○ 亮량 轎깐 우업ᄉᆞᆫ 교ᄌᆞ ○ 馱도 轎 쌍가마 ○ 彩채

亭팅 여ᄎᆞ ○ 𨑳파 山산 虎후 여ᄂᆞᆫ ○ 軟쇤 榻타 교ᄌᆞ안 탑 ○ 又 攙扛 ○ 幃위 子ᄌᆞ 가마 휘쟝

靠칸 背비 교ᄌᆞ뒤지혀ᄂᆞᆫ것 ○ 迎잉 手부 교ᄌᆞ좌우 손잡ᄂᆞᆫ것 ○ 扶부 手 교ᄌᆞ안히 손잡ᄂᆞᆫᄂᆞᆯ

轎 車쳐 가마 ○ 倚긔 車 미ᄂᆞᆫ 술위 ○ 車 篷잔 술위 우ᄃᆡ ○ 轎 杆간

車 轅왼 교ᄌᆞ와 술위채 ○ 搭다 腰얀 皮피 걸피 ○ 車 檔당 태평차도리 세오ᄂᆞᆫᄃᆡ ○

車 輪륜 술위ᄭᅡ 박회 ○ 轅 頭투 橫흥 木무 멍에 ○ 筱깐 桿간 탕개 ○ 趕간 車

食物部

술위 모다 ○ 拉車 술위 ᄭᅳ으다 ○ 拉套 앏ᄭᅳ으다 ○ 轅重 술위ㅅ 앏 숙다

轅輕 술위ㅅ 뒤 졋다 ○ 轎顛搖 술위 ᄆᆞ로 흔들리다 ○ 車顛漢 술위 거ᄭᅳ룻이다

車誤住 술위 박히다 ○ 卸車 술위 부리오다

飯肉類

乾飯 된밥 ○ 乏 블에 건진밥 ○ 稀飯 즌밥 ○ 黃米飯 조ᄡᆞᆯ밥 ○ 臘八

粥 납향날 먹는 잡곡쥭 ○ 擦的飯 ○ 糊 쥭 ○ 帶飯米湯 미음 ○ 肉

고기 ○ 頭下頦 猪羊의 머리 ○ 膾子肉 ᄯᅩᆺ히 ᄡᆞᆫ 술 ○ 糟頭肉 목쟝

술이 ○ 裏脊肉 등ㅅ 곧 술 ○ 羅截肉 불기 름술 ○ 水肉 념팔지 ○ 肚

囊 비아리 가족 ○ 剐骨肉 ᄲᅧ ᄲᅳ지 ○ 橫剌的肉 ᄆᆞ로 잣 흔고기 ○ 剝

皮 ○ 帶的肉 가족에 브튼 술 ○ 剝下肉塊 고기ㅅ 덩이 ○ 尾骨 ᄭᅩ리

前쳔腿퇴上샹肉유 뒤압다리 ○ 後후腿 뒷다리 ○ 琵피琶파骨구 넙쥭지뼈 ○ 窟쿠

窿룽骨 궁둥이뼈 ○ 蹄뎨 족 ○ 脊지骨 등마르뼈 ○ 肋러 가리뼈 ○ 胸흉

盆판骨 얀지더리 ○ 胸盆上샹帶대皮피肉 젓브들기 ○ 牲셩口쿠前쳔齒재、즘싱

의압 쌕 ○ 脊지髓쉬 등골 ○ 雜자碎쉬 안집 ○ 心신肝간繫히 념통과 보든디 ○ 간

百버葉여肚두 천엽 ○ 小쌴圓완肚 벌의집 ○ 花화肚 피골집 ○ 大다腸챵 너븐

찬조 ○ 小쌴腸 좁은 챵조 ○ 苦쿠腸 양의좁은챵조 ○ 瓶반腸 불과나귀 너븐챵조 ○ 腰의

子ᄌ ㅣㅣ ○ 膘럎貼톄油유 발기름 ○ 浮부油유 고기술문물에 뜬기름 ○ 猪쥬腎션包반

돗회 불 ○ 熊흉肚두領링 곰의양 스깃 ○ 狠란鑽잔 즘싱의며고 남은고기 ○ 精징肉유 술고기

五우花휘肉 재첫는 고기 ○ 新신鮮쌴 제철에 새것 ○ 晾량乾간肉 볏희몰뢰온고기

風붕乾肉 부람에몰뢰온고기 ○ 陰연乾肉 그늘에몰뢰온고기 ○ 烤칼乾肉 구어몰뢰온고기

乾肉片 물은고기 ○ 炖肉 구은고기 ○ 肉糜 육죡 ○ 肉膾 회 ○

肉醬 ㅣㅣ ○ 餄什馬羹 가지탕 ○ 細粉 녀유 ○ 切麵 국슈 씨흔

拉條麵 느린국슈 ○ 下程 힝ᄒᆡ디졉ᄒᆞᄂᆞᆫ것 ○ 廩給 료쵸 ○ 一段魚

혼도박 ○

菜蔬類

菜蔬 ᄂᆞ믈 ○ 飯饌 반찬 ○ 茄子 가지 ○ 王瓜 외 ○ 絲瓜 수세외

외 ○ 梢瓜 ᄇᆞᆫ외 ○ 冬瓜 동화 ○ 葫子 박 ○ 倭瓜 호박 ○

菩瓜 대쵸모양ᄀᆞᆺᄒᆞᆫ외 ○ 葫蘆 通種 박 ○ 蘿蔔 무우 ○ 大蘿蔔

붉은무우 ○ 水蘿蔔 흰무우 ○ 胡蘿蔔 당무우 ○ 蔓菁 쉰무우

芥菜 格搭 동갓뎃 ○ 芥菜 갓 ○ 白菜 ᄇᆡᄎᆡ ○ 菠菜 시금치

치 ○ 薺제菜채 나이 ○ 茼퉁蒿한菜 믈ㅅ쑥 ○ 蓼료芽야菜 역씨 ○ 香향

菜 ㅣㅣ ○ 芹긴菜 미나리 ○ 韭구菜 부추 ○ 黃황芽韭 부추움 ○ 葱총

韭花화 파죵죵이 ○ 薄보荷호 ㅣㅣ ○ 萹변豆두 두빅 ○ 豆芽 콩기름 ○

豆腐부 ㅣㅣ ○ 蘑모菇구 버숫 ○ 榛진蘑 가얌버숫 ○ 雞계腿퇴蘑 두험에버숫

榆유蘑 느릅나모버숫 ○ 叢총生싱蘑 뜰버숫 ○ 麅포腰子蘑 춤나모버숫 ○

紫ᄌᆞ菜 짐 ○ 黃황花화菜 넘ᄂᆞ믈 ○ 木목耳을 츰버숫 ○ 山산藥요 디 ○

笋순 죽순 ○ 芋유頭두 토련 ○ 小쇼根근菜 돌랑귀 ○ 野여韭菜 듣달랑귀

葑봉菜 쵸ᄃᆡᆫ드ᄂᆞ믈 ○ 野蒜숸 족지 ○ 薹臺대菜 기름ᄂᆞ믈 ○ 柳류

蒿여菜 버들니브것흔치 ○ 鼠슈耳菜 표고 ○ 細시辛신菜 ㅣㅣ ○ 蕨궤

菜 고사리 ○ 海해帶대菜 다ᄉᆞ마 ○ 曲취麻마菜 씀바괴 ○ 莧한菜

비름 ○馬齒菜 쇠비름 ○灰條菜 명아지 ○藜蒿菜 평지

百合花 ||| ○百合根 || ○野芹菜 돌미나리 ○貫[illegible]

衆菜 이회초 ○燕伏苗 [illegible] ○萵苣菜 부로 ○[illegible]菜

더덕 ○野蔓菜 [illegible] ○車前菜 길경이 ○酸醬菜 승아 ○

鎗頭菜 삽주 ○苦荏菜 || ○筆管菜 [illegible] ○作[illegible]

料 고명 ○花椒 천초 ○胡椒 || ○秦椒 고초 ○茴香 ||

素油 새기름 ○醬 ○麯 메주 ○醎白菜 침채 ○醎菜梗[illegible]

[illegible] 기름 ○醬瓜 장앗지 ○酒菜 안주 ○用鹽淹 소곰으로 저리다

茶酒類

黃酒 술 ○奶子酒 타락주 ○酒釀 술[illegible] ○醴酒 탁주

리 ○醇 쑨 빗술 ○酒麯子 쟉킊즈 누룩 ○燒酒糟 샾잪 쇼쥬ᄯᅳ의 ○酒狠釅 흔얀 ᄃᆞᆫ술

쟝 되다 ○黑茶 허차 쓴흰차 ○奶茶 내차 타락차 ○麵茶 먄차 ᄆᆞ든차 ○奶子

타락 ○酪 랖 사당갇쥬엇 거빈든타락 ○

餑ㄷ類

餑ㄷ 보 떡 通稱 ○葉子餑ㄷ 여즈 송편 ○大水餛飩 다쉬훈 편졀 ○螺螄餑 로ᄉᆞ

餑 쇼 타ᄀ 든 떡 ○印子餑ㄷ 연즈 살박은 떡 ○打糕 다갈 인졀미 ○撒糕 사 시르

떡 ○焦餅 쟌빙 복근 떡 ○高麗餅 갈리 즐과 ○元宵 왼샾 ㅣㅣ에 먹는 떡 ○

糉子 종 端午에 먹는 떡 ○月餅 웨 秋夕에 먹는 떡 ○重陽糕 츙양 ㅣㅣ에 먹는 떡 ○

扁食 반시 변시 ○餛飩 훈둔 젹은 변시 ○餅 빙 된 전병 ○重皮燒餅 피샾 젹니

는쇼 병 ○夾餡燒餅 개햔 사당과 호도 소녀흔 쇼병 ○印子餅 연즈 살박은 쇼병 ○光 강

頭餅 투 뒨쇼병 ○ 松餅 숑 잣박은쇼병 ○ 芝麻餅 지마 픗조너허기름에지진쇼병 ○

扁條 변툐 중박기 ○ 麻花 느러민도떡 ○ 鷄蛋糕 기단고 누리의알떡 ○ 白饊 비산

子 흰산조 ○ 水餚子 쉬관 生쥬 ○ 饅頭 만 ‖ ○ 煎餅 잔 ‖ ○ 合絡 허로

子 구희은 주 ○ 豆麵糕 두재 픗生조 ○ 餃子 쟈 조 ○ 麵搭 만다 餛 울 쉬 인 히 떡 ○

豆麵子 콩마 ○ 豆麵子 재 메에 묻은 ○ 八寶糖 바 바 탕 ‖ ○ 雜果 자 귀

糕 집과 실떡 ○ 山查糕 산자 산사 편 ○ 奶餅子 내 타락떡 ○ 白糖 사당 ○

氷糖 빙 ‖ ○ 麻糖 마 엿 ○ 餡子 햔 소 ○

飮食類

喫飯 치 반 밥먹다 ○ 用餚饌 용 한 반찬 먹다 ○ 打中伙 다 중호 중화하다 ○ 嚐滋 장 즈

味 위 맛보다 ○ 咂嘴 바 다 咂嘴 찬 입맛다시다 ○ 嚐新 신 새것맛보다 ○ 讓喫 얀

먹으라 ○請칭嚐챵 ᄒᆞ다 먹기쳥 ○先션嚐了랴 먹다 몬져 ○用융匙챠舀요 ᄒᆞ다 술질

用筋쥬夾개 ᄒᆞ다 져질 ○齒거 다 너흐 ○啃큰 먹다 쓴더 ○餂텬 다 할ㅅ ○聞운味위

내다 맛 ○怕파嚼쟌 위ᄒᆞ다 씹기어려 ○牙야塵쳔 리다 돌들 ○水쉬冷링 하연흔것 과실물냉

麵면淡단 ᄒᆞ다 싹ᄉᆞ ○噎여住쥬 다목메 ○卡카住 又걸리다 막히다 ○嗆챵着죠

쟈리드다 ○不부饞쟌 아니타 입두지 ○放방陳쳔了랴 노하두다 음식오래 ○甚션饞 계걸드리

다 ○消샤化화 삭다 먹은것 ○吞툰着죠喫치 허먹다 뎔혀뎔 ○抓쟈着喫 여쥐

먹다 ○喫的디撐쳥住쥬 먹다 잔뜩 ○喫的發방喘쳔 숨차다 과히먹어 ○

喫過고餘위了 계먹다 량에넘 ○可거膩니 ᄒᆞ다 늣곤 ○膩住쥬 다물리 ○

喫厭얀煩반了 즐ᄒᆞ다 먹기스 ○凉량水쉬拔바 치오다 찬물에 ○氷빙追좨 에치 어름

으다 ○一이氣긔飮연 마시다 흔숨에 ○抽취着죠喝허 러먹다 져고그 ○酒직上샹涌융

츄기오다 ○ 有些酒意 유셰쥬이 술기잇다 ○ 醉糊塗了 취후두랴 ᄎᆔᄒᆞ다 ○

酒醒 쥬싱 술셰다

生熟類

飯夾生 반갸싱 밥서다 ○ 飯有米心 반유미신 밥알이것단넉다 ○ 飯生硬 반싱잉

밥서러셔다 ○ 涼的乍牙 량디쟈야 춘블에니슬히다 ○ 成糊 쳥후 음식이풀곳지되다

結皮 계피 거플지다 ○ 凝定 닝딩 어리다 ○

煑煎類

煎熬 쟌오 고오다 ○ 又 닫히다 ○ 煉油 련유 기름내다 ○ 滾 군 ᄭᅳᆯ타 ○ 翻滾 번군 고븟지게

ᄭᅳᆯ타 ○ 潽出 푸츄 ᄭᅳᆯ허넘다 ○ 扪蒸 믄졍 ᄶᅵ오다 ○ 揚茶 양차 ᄭᅳᆯ흔차식이다 ○

燒炒類

魚위燒샤 半반熟슈 고기 설게 굽다 ○ 烤쟌焦쟌 두게 굽다 ○ 煎쟌炒챠 쵸흐다 ○

煿박烙로 복다 ○ 烹픙炸쟈 지지다 ○

剥劇類

剥보 整졍皮피 통가쥭 벗기다 ○ 煺퉈毛뫄 털뒤흔다 ○ 零링截재開개 줄게 즈르다 ○

剁뀌 去귀 魚위 鱗린 비늘 긁다

滋味類

有우 味위 맛잇다 ○ 香햔 고소다 ○ 苦쿠 쓰다 ○ 酸솬 싀다 ○ 辣라 맵다 ○

甜톈 다나 ○ 燎럎糊후氣키 늣는내 ○ 澀서 떫다 ○ 草챠腥싱氣 풋내 ○ 羶샨

누린내 ○ 臊샾 노린내 ○ 又 즈린내 ○ 辣라氣鑽찬鼻비 내코 지르다 ○ 味위爽반

難난吃치 맛 변흐여 먹기 어렵다 ○ 餿슈了랸 쉬다 ○ 白버醭푸 곰팡

雜糧部

軟硬類

酥(수)軟(완) 벅벅ᄒᆞ다 ○ 嚼(쟢)不(부)動(둥)的(디)硬(잉) 불경불경ᄒᆞ다 ○

舀盛類

撈(랖)出(츄) 건져내다 ○ 徹(쳐)底(디)舀(얖) 훌터내다

澆渣類

澆(걒)淋(린) 씌오다 ○ 榨(자)酒(쥐) 술ᄶᆞ다 ○ 澄(쳥)湯(탕)水(쉬) 흐린물ᄆᆞᆰ다 ○ 又 국씌오다 ○

倒(닾)水 물쏫다 ○ 傾(칭)注(쥬) 물부어흐르다 ○ 倒渣(쟈)乾(간) 다쏫다

米穀類

粳(긍)米(미) 니ᄡᆞᆯ ○ 江(걍)米 찹ᄡᆞᆯ ○ 秈(샨)米 니ᄡᆞᆯ ○ 老(랖)米 누른니ᄡᆞᆯ

稷(소)子(즈)米 여름ᄡᆞᆯ ○ 小(샾)米 조ᄡᆞᆯ ○ 小黃(황)米 ᄎᆞ조 ○ 粱(량)穀(구)米

雜果部

청량미 ○ 穈子 미즈 기장 ○ 黍子 슈즈 출기장 ○ 高粱 고량 슈슈 ○ 黏高粱 냔고량

찰슈슈 ○ 笤帚高粱 됴츄고량 뷔슈슈 ○ 玉秫 위슈 옥슈슈 ○ 草 찰

秫米 슈미 모물 ○ 稗子 배즈 피 ○ 麥子 매즈 밀 ○ 大麥 다매 보리 ○ 青 칭

稞 커 마올보리 ○ 鈴鐺麥 링당매 귀리 ○ 蕎麥 갸매 모밀 ○ 豆 두 콩 ○

小豆 쇼두 팟 ○ 菉豆 루두 녹두 ○ 紅豆 홍두 광장이 ○ 豌豆 완두 동부 ○ 芝 즈

麻 마 참깨 ○ 胡麻 후마 검은참깨 ○ 蘇子 수즈 들깨 ○ 秕子 비즈 아죽가 ○ 麻

糠粃 캉비 뫼새 ○ 米皮 미피 겨등

果品類

果子 궈즈 通稱 과실 ○ 蘋果 핑궈 사과 ○ 柿餅 시빙 곳감 ○ 楊梅 양메 딘실

檳子 빈즈 능금 ○ 香橼 향완 橙子之類 ○ 猥枝 위즈 龍眼類而色黃 ○ 橄欖 간란

草部

棘 如小棗兩頭尖味苦澁而甚芬香 ○ 晒乾棗 쇤대 ○ 軟棗 似桐李子味甘 ○ 杜두

李리 산이스랏 ○ 花紅화홍 類似果而味少酸 ○ 核桃회도 호도 ○ 山核桃산 가래 ○

松子송 잣 ○ 瓜子과 유박씨 ○ 白果ᄇᆡᆨ과 銀杏 ○ 稠李 子 귀ᄅᆡ ○

椰子애 殼子如瓢中有漿甘如乳 ○ 托盤果 ○ 枸杞子 ○ 酸李

子 似櫻桃而味酸甘 ○ 羊桃양다래 ○ 紅姑娘홍고낭 ᄭ아리 ○ 杜棣두리 ○

草 荔枝례ᄌ 가ᄉᆞᆯ ○ 菱角릉각 마름 ○ 蕃薯번셔 似芋而有紅白二種煮而食之味甘 ○

瓤양 속 유박 ○ 西瓜 유박속 븕은 뒤 ○ 肉瓤 유박속 흰 뒤 ○ 高麗

香瓜 ᄎᆞᆷ외 ○ 蜜錢果 ○ 泥 과정 ○ 松塔 잣송이 ○

草類

草초 通稱 풀 ○ 人參인삼 似 ○ 莖二尺餘枝不過五六每枝五葉通一枝而叢生花實俱紅 ○ 紫草

樹木部

지회 ○ 根可以染紫者 ○ 大다麻마子즈 피마즈 ○ 蒜산 비담 ○ 尾와松숭 搭다 지와 직아

狗구香석草잔 수리취 ○

樹木類

果고松숭 잣나모 ○ 杆잔松 젓나모 ○ 柏버 뵉즉 ○ 胡후桐퉁 梧桐之類其津可銲金銀

杉샤 잇개나모 ○ 楮츄木무 닥나모 ○ 烏우茶차 싯나모 ○ 鷄기桑상 葉似桑而差薄 ○

椵갼樹슈 피나모 ○ 婆포蘿로樹 넙갈나모 ○ 棟새 박달나모 ○ 煖갼木 뵉황 ○

蘇수木 단목 ○ 荊깅條댶 싸리 ○ 皂잔角교樹 주엽나모 ○ 櫻중欄뢰 ㅣㅣ나모

藤등 ㅣ ○ 菝바子랴芽야 움나 ○ 樹슈心신 고기양 ○ 樹癤재瓢맛 나모

혹묘즈 ○ 木頭투墩둔 나모도막 ○ 木塞서子즈 쌰기 ○ 鋸쥐末머 톱밥

鉋반花화 대파밥 ○ 燒샾柴채 장작 ○ 烟얀頭 텅파리 ○ 蟲츙蛀쥬了랴

나모 좁 마다

花部

花類

梅(매)花(화) 葉似杏而尖花五瓣而淸香先百花而開 ○ 蘭(란)花 葉長一二尺冬青花尖而黃有香 ○ 牡(모)丹(단) 葉長花大而香有名色 ○ 海(해)棠(당) 〃 ○ 蓮(련)花 〃 ○ 杜(두)鵑(견)花 叢生于山谷枝綠花密早春開花色紅有葉先花後者有花先葉後者 ○ 桂(계)花 葉似枇杷花有四瓣秋開而有紅黃白三色甚香 ○ 薔(쟝)薇(위)花 苗叢生莖青多刺花多色白者最香 ○ 月(월)季(계)花 莖葉俱有刺有紅白淡紅三種逐月而開 ○ 四(사)季花 葉尖花白午時開子時謝三月而花九月而止 ○ 百(배)日(이)紅(홍)花 花紅開百日 ○ 鳳(봉)仙(션)花 葉尖而長花有名色可染指甲 ○ 紅花 花紅可染 ○ 芍(쟉)藥(약)花 샤약꼿 ○ 似牡丹而赤芽叢生有香可煮食 ○ 菊(국)花 葉有尖有花有名色九月始花而甚香

花瓣(판) 꼿 ○ 咕(구)嘟(두) 꼿봉오리 ○ 開(개)放(방) 다픠다 ○ 謝(새) 꼿지다 ○

鳥雀部

花(화)苐(디) 곳ㄷ 디 ○ 蔫(냔)了(랴) 화초시드다 ○ 蔫倒(도) 시드러 눕다 ○

鳥類

鳥(냐) 直踊 새 ○ 鶴(호) ㅣ ○ 孔(콩)雀(쵸) ㅣㅣ ○ 鴻(훙)鴈(얀) 기러기 ○ 鵰(댠) 수리 ○ 鷂(얀)

鷹(잉) 쇼로기 ○ 鷹(잉) 매 ○ 鵓(순)兒(을) 죠롱대 ○ 佷(흔)鶻(후) 부헝이 ○ 夜(여)

猫(맛)兒(을) 옷밤이 ○ 野(여)雞(기) 쥉 ○ 蒲(무)鴨(야) 鴨之家者青 ○ 鸚(잉)鵡(우) ㅣㅣ

烏(우)鴉(야) 가마귀 ○ 布(부)穀(구)鳥(냐) 벅국이 ○

雀類

雀(쵸) 直踊 져근새 ○ 紫(즈)燕(얀) 져비 ○ 社(셔)燕 春社至秋社去 ○ 麻(마)雀(쵸) 참새

○腹微藍脊青斑聲飛 ○

羽族支體類

獸部

鳳봉頭두 노즘싱의 볏 ○ 翅차大다 翎령 갈짓 ○ 氄용毛모 소옴털 ○ 擭환毛 털ㄱ ᄲᅡ다

鳥쟈嘴쥐 새부리 ○ 觜 丫야黃황 콩부리 ○ 嗉소子ᄌ 먹산 ○ 膜무子

사가 ○ 跐레 리띠 누롭 ○ 撒사糞분 똥 누다

嗛식食 모이 먹다 ○ 雛ᄌ 奮분土투 자리치다 ○ 抖두毛모 털 떨다 ○

飛禽動息類

飛비騰등 놉히 ᄯᅳ다 ○ 飛一翅 ᄒᆞᆫ바탕 ᄂᆞ다 ○ 棲치息시 깃드리다 ○ 熟슉化화

𠃍 道痛 길드다

獸類

獸슈 긔즘싱 ○ 獅씨子ᄌ 似虎而差大毛黃頭大尾長聲如吼雷百獸惮易 ○ 象샹 코키리 ○ 身巨目小耳垂

鼻長六七尺鼻長而垂端有肉爪能拾水草卷以入口牉隨中時在中近 ○ 虎후 범 ○ 形似貓而身巨黃質黑章鋸牙鉤爪 ○

豹표 似虎而身小色黃黑斑如圓 ○熊웅 곰 ○色黑目竪蹄如人足 ○鹿록 사슴 ○身大有角千年而黑又五百年而

白又五百年而青 ○麈쥬 고라니 ○似麞而色微紅 ○黃羊황양 ○羱 ᄂ 形如羧產於交

趾人步人言其血染紅 ○猿원 似猴而大善啼聲甚清哀 ○狐호 여ᄋ ○似狗毛厚尾大有青黃白三種 ○貍리

似野貓而色黑 ○猞猁사리 猻손 似貍而白耳有長毛 ○水獺슈달 ᄂᄅ ○居於水以魚爲食 ○貛환 오소리

리 ○貉학 너구리 ○貂됴 鼷鼠之類其毛溫潤有黃黑二種 ○鼺鼠뉴셔 날다람 비 ○

兎토 톳기 ○猯단 雪豹 뷔닙 ○刺蝟위 고솜도치 ○鼠 쥐 ○蝙蝠변복

볍쥐 ○

走獸肢體類

牙아 니 ○角각 블 ○蹄뎨 굽 ○ 증싱의 발

走獸動息類

牲畜部

跳됴躍요 뛰노다 ○ 撒사歡환 즘싱들 리다 ○ 搖요尾위 꼬리치다 ○ 獸슈 [illegible] 樹슈

즘싱이 나모에 븟지르다 ○ 擺배尾위 개 꼬리치다 ○ 遞디爪잔 홉으로 허위다 ○ 爪 [illegible] 디

둅으로 허위다 ○ 咬얀住쥬 갓독 무다 ○ 鼠슈盜단洞둥 쥐구무 뚧다

諸畜類

羊양 ㅣ ○ 猪쥬 돋 ○ 奶내光광 돋희 삿기 ○ 狗구 개 ○ 牙야狗 개 수 ○

母무狗 암개 ○ 哈하叭바狗 발ᄂᆞ이 ○ 貓먀 괴 ○ 鵞오 거유 ○ 鴨야 올히

鷄기 ᄃᆞᆰ ○ 鬪두鷄 아홉ᄌᆞᆫ ᄒᆞᆫ ᄂᆞᆫ ᄃᆞᆰ ○ 鷄雛츄 ㅣㅣ ○ 笋슌鷄 연계 ○ 禿투

尾위 小쇼鷄 꼬리업ᄉᆞᆫ 연계 ○ 山산崽재子즈 즘싱의 삿기

牲畜孳生類

蛋단 알 ○ 蛋殼킥 알겁질 ○ 蛋黃황 노른 ᄌᆞ의 ○ 啄[illegible] 殼킥 알ᄯᅥᆨ다 ○ 孚부

交갼 ᄉᆞ호다 ○ 狗구走주時시 ᄀᆡ ᄉᆞ호다 ○

馬匹類

馬마 ᄆᆞᆯ ○ 駝토 약대 ○ 橐토駝토 짐싯ᄂᆞᆫ 약대 ○ 明밍駝토 쳔리가ᄂᆞᆫ 약대 ○ 騾로 노새

○ 驢馬牝之所生 ○ 騍궈驢뤼 ᄆᆞᆯ 흘레나 ᄒᆞᆫ 노새 ○ 駃쾌騠티 나귀 흘레나 ᄒᆞᆫ 노새 ○ 駝토駱보 흐소

러나 ᄒᆞᆫ 노새 ○ 驢뤼 나귀 ○ 馬마穩운重즁 ᄆᆞᆯ 음용ᄒᆞ다 ○ 馬마伶링便빤 ᄆᆞᆯ 잡다 ○ 耐내

長챵 ᄆᆞᆯ 후지지 아니ᄒᆞ다 ○ 皮피辣라 ᄆᆞᆯ 질긔다 ○ 耐내遠원 ᄆᆞᆯ 먼길 견듸다 ○ 馴쓘良량 ᄆᆞᆯ 량

슌ᄒᆞ다 ○ 有약捻쓘相샹 ᄆᆞᆯ 모양 곱다 ○ 劣례蹶궤 ᄆᆞᆯ ᄀᆡ래다 ○ 馬마喫킈氣기 ᄆᆞᆯ 놀나다

咆팦哮햪 ᄒᆞ다 ○ 難난勒러的디馬마 아귀 셰여 졔어ᄒᆞ기 어려운 ᄆᆞᆯ ○ 顛댄的디硬잉

ᄆᆞᆯ 뎐뎡이다 ○ 脚꺄步부散산亂롼 ᄆᆞᆯ 거름 흣ᄐᆞ다 ○ 駑누馬마 ᄆᆞᆯ 쓴 ○ 馬마蠢츈

笨븐 ᄆᆞᆯ 둔ᄒᆞ다 ○ 月모小쌰馬마 ᄆᆞᆯ 나기 잘ᄒᆞᄂᆞᆫ ᄆᆞᆯ ○ 沁친頭투馬마 머리 숙이고 가ᄂᆞᆫ ᄆᆞᆯ ○

裁재䏲걍馬 압대죽은몰

馬匹毛色類

線션臉랸 실교지 ○ 玉위頂딩 셩쇼티 ○ 銀연蹄티 빅스죡 ○ 狗구蹄티 이후
족

馬匹肢體類

迎잉鞍산 회몯다 ○ 夜여眼얀 눈밤 ○ 三산岔차骨구 삼삽이쎄 ○ 攢란筋긴
힘줄회목 ○ 蹄티 굽 ○ 毛맏 털 ○ 尾위 쇼리 ○

馬匹馳走類

胯끄步부 거름 ○ 過궈步大다 아래발자곡넘어드듸다 ○ 軟완顛댠 쓰고덜렁이다 ○
大다顛 재고덜렁이다 ○ 搖듬自즈站잔住쥬 뛰다가쉬여다 ○ 馬乏바不부走주 몯곤

ᄒᆞ여 가지 못ᄒᆞ다 ○

馬匹動作類

張狂 장광 넘벙이다 ○ 奪扯手 도쳐슈 냅드다 ○ 馬搖脖子 마요보즈 몰고개흔드다 ○

嘴硬 쥐잉 아귀세다 ○ 打奔 다븐 집벅이다 ○ 打前失 다쳔시 몰앏거치다 ○ 後

蹄寬 재콴 뒤섯지다 ○ 後軟腿 후완퇴 뒤몰으다 ○ 背旁看 큰팡칸 곁눈질ᄒᆞ다 ○ 倒

退 퉈 므름쓰다 ○ 墜韁 쥐쟝 곳비끄다 ○ 站不定 잔부딩 셧지아니다 ○ 撺跳 좡톼

버릇쳑이다 ○ 打腦搖 다낲 ... 모도흔드다 ○ 撺人 쵄신 사롬후리치다 ○ 單蹄彈 단티탄

외발네다 ○ 馬撕 마쓰 몰우다 ○ 馬噴鼻 마픈비 몰코부다 ○ 蹭癢 충양 몰ᄆᆞ뎌온더든

다히 ○ 臥 오 눕다 ○ 打滾 다곤 뒤웅이치다 ○ 抖毛 두맏 털떠다 ○ 忽驚 후깅

閃 산 놀라뷥쓰다 ○

套備馬匹類

拿(나)馬(마) 몰잡다 ○ 套(토)馬 몰올녀 잡다 ○ 網(쾬)馬 몰동혀 지우다 ○ 圈(쾬)椿(쥥) 므루

즘싀 잇고다 ○ 牽(쳔)領(링) 견다 잡다 ○ 備(븨)馬 기르마 짓다 ○ 搭(다)屉(티) 언치 놋다 ○

帶(대)嚼(쟌)根(근) 믈치 씨우다 ○ 褪(툰)嚼(쟌)子(즈) 자갈 벗다 ○

騎駝類

疊(뎨)騎(기) 어울트다 ○ 騎上(샹)馬(마) 몰트다 ○ 騎馬的(디) 몰트니 ○ 綱(인)

鐙(등) 등조드되다 ○ 腿(퇴)䃂(거)馬鞊(찬) ㄴ래구루다 ○ 坐(조)馬 ㅣㅣ ○ 馱(도)子 짐

行(힝)李(리) ㅣㅣ ○ 行(힝)裝(좡) ㅣㅣ ○ 駝(토) 짐싯다 ○ 顛(댠)掐(캰)馱(도)子 짐싸들녀 고로다

滿(만)馱 마득 싯다 ○

牧養類

拴관着조嚼쿤草찬 물쪽에 민여 플쌋기다 ○ 韁걍繩셩自즈開캐 허물노다 ○ 飲연牲셩口쿠 즘싱블 먹이다 ○ 喂위養양 여블 먹이다 ○ 添텬草찬料럎 여블터 주다 ○ 喂猪쥬 돗먹이다 ○ 狗구啗다拉라食씨 개먹다 ○ 謅맏臕뱓 알나코 브리다 ○ 吊댠汗한 뚬드리다 ○ 溜류臕 쑤지다 ○

馬畜殘疾類

渦와鼻비涅예 코신지다 ○ 屎솬結계 오좀굿다 ○ 瘟운了랖 물뎨괴흐다 ○ 趄쥬 石硬잉 쭉바당달하거다 ○ 打다鬃중 갈기빗기다 ○ 鏟찬蹄티 굽삭다 ○

牛類

牸牛 암쇼 ○ 牤망牛뉴 한쇼 ○ 惡기牛 진쇼 ○ 牛犢두 쇠야지 ○

牲畜器用類

鱗甲部

牲口草棚 즘싱의여믈삿는ᄃᆡ ○ 馬圈 ᄆᆞᆯ외양 ○ 猪窩 도틔외양

籠子 새장 ○ 雞架 ᄃᆞᆰ의홰 ○ 雞罩 ᄃᆞᆰ의우리 ○ 鍘刀 쟉도 ○

鍘草 여믈싸흐다 ○ 鉋子 글게 ○ 籠嘴 ᄆᆞᆯ입의망 ○ 籠頭

ᄀᆞ레 ○ 鞦棍 나귀노새후거리 ○ 鐵蹄子 텰ᄃᆡ리 ○ 鼻鉤子 코ㅅ

도리 ○ 料 콩 ○ 雜糧粥 즘싱의쥭 ○ 泔水 ᄯᅳ믈

龍蛇類

龍 룽 鹿角牛耳駝頭圓眼蛇頸蜃腹虎掌鷹爪變化莫測 ○ 蛇 뱜 ○

河魚類

鯽魚 붕어 ○ 鱘魚 ○ 鰉魚 ○ 鯖魚 ○ 鱅頭魚 ○ 鯉

魚 ○ 鯿魚 ○ 鮎魚 메유기 ○ 昂刺 자가사리 ○ 鱓

鮒 부어 ○ 黑魚 가물치 ○ 小魚 소쳔어 ○ 銀魚 은어 11 ○ 穿沙

魚 모래무지 ○ 舡釘魚 상어 ○ 金魚 금붕어 ○ 泥鰍 미꾸리 ○

螃蠏 게 ○ 鰕 새요 ○ 蛤 ○ 什蟈 가재 ○ 田雞 머구리 ○ 青

蛙 개구리 ○ 蝦蟆 두텁이 ○ 蝌蚪 올챙이 ○ 蛤蜊 조개 ○ 螺

螄 소라 ○ 龜 거북 ○ 鼉 소리큰거북 ○ 鼈 자라 ○

海魚類

鱸魚 롱어 ○ 鯧魚 병어 ○ 河豚 복 ○ 臘豚 冬後 [illegible] 복 ○ 洋

魚 가오리 ○ 比目魚 가자미 ○ 鯿鮒魚 [illegible] 어 ○ 麪條魚 뱅어

海螺 고동 ○ 海巴 홍합 ○ 海蠏 농게 ○ 海蝦 대하 ○ 海參

11 ○ 海蛇 해파리 ○

蟲部

鱗甲肢體類

鱗린 비늘 ○ 腮새 고기 자감이 ○ 前전 分분 水쉬 압진 엄이 ○ 後후 分분 水쉬 뒤ㅅ진 엄이

魚위 刺즈 고기 가싀 ○ 魚 白버 일의 ○ 魚 油우 부레 ○ 鼓 盖개 아가미

남장의 거믄 ○ 螃팡 蟹해 夾갸 子즈 게엄지 발 ○ 魚 放바 泡팦 고기 믈 방올 내다

魚 擺배 子 고기 알 스다 ○ 魚 躍요 고기 뛰다 ○ 跌 跳 고기 우물우물ᄒᆞ다 ○ 魚

翻반 白버 고기 뒤쳐 번드기다 ○

蟲類

蟲충 버레 ○ 蠶찬 누에 ○ 蠶 繭갼 누에 고치 ○ 螳장 螂랑 버마 회 ○ 蝸오

牛닉 이 똘팡 ○ 磕커 頭투 蟲충 딱장 버레 ○ 蠹두 魚 옛좀 ○ 褐 辣라

子즈 이 쇠야기 ○ 井징 中중 紅훙 絲쓰 蟲 장구 압이 ○ 螞마 蚱자 뫼독이

蟷당螂랑 어여가싀 ○ 蜩고ㄷ 蜺 우는 뫼 ○ 蝻난子즈 蝗蟲의 삿기 ○

蜣강螂랑 몰똥구울이 ○ 蛣기蟟료 [illegible] 이 ○ 秋츄涼량兒을 쓰르렁이 ○

螞마螂랑 존자리 ○ 螞[illegible] 蛄구 도로래 ○ 促추織지 뵈짱이 ○ 金긴鍾즁

兒 우는 뵛장이 ○ 竈잔螞兒 귀뚜라미 ○ 蜜미蜂봉 꿀벌 ○ 大마螞

蜂 벌 ○ 蠍해虎후子즈 도마 빈얌 ○ 蠍子 전갈 ○ 蜈우蚣궁 지네 ○

蜘지蛛쥬 거믜 ○ 蝴후蝶뎨 나븨 ○ 螢싱火호蟲츙 반듸 ○ 蝌차蚪 [illegible] 리

絡루絲두 蟱 쉬 [illegible] 리 ○ 蚊운子즈 모기 ○ 蠓해虫 등의 ○ 蝿虎후兒을

[illegible] 잡 등의 ○ 螢등蟲츙 사[illegible] ○ 螞蟻의 가얌이 ○ 曲큐蟮산 디룡 ○ 螞마

蟞배 거머리 ○ 虱지子즈 니 ○ 蟣기子 [illegible] ○ 跳[illegible]蚤잔 벼룩 ○ 八바脚

子 발ㅅ 어이 ○ 狗구蟞배 진뒤 ○ 臭취蟲 빈대 ○ 蛆 구더기 ○ 蚱자 쉬

蠨치 蛸쇼 이 즘벙 ○ 蛀쥬 毛모 蟲츙 좀 ○

蟲豸類

蜇자 다 쏘 ○ 叮딩 다 쏘 ○

時令類

困곤 敦돈 子 ○ 赤차 奮분 若약 丑 ○ 攝섭 提뎨 格거 寅 ○ 單단 閼알 卯

執집 徐셔 辰 ○ 大대 荒황 落락 巳 ○ 敦돈 牂장 午 ○ 協협 洽흡 未 ○

涒툰 灘탄 申 ○ 作작 噩악 酉 ○ 閹엄 茂무 戌 ○ 大대 淵연 獻헌 亥 ○ 辜고

月十一 ○ 荼두 月十二 ○ 陬추 月正 ○ 如여 月二 ○ 寎병 月三 ○ 余여 月四 ○

皐고 月五 ○ 且져 月六 ○ 相상 月七 ○ 壯장 月八 ○ 玄현 月九 ○ 陽양 月十 ○

晏안 安안 日이 凡寒月內自寅至未 內自申至丑六日爲 音短日 ○ 委위 宿숙 日 凡暑月內 自午至申

六日復月內自酉至亥六日為｜｜｜ ○益이 後후 日이 凡每月內自子至巳六日復月內自午至亥六日為｜｜｜ ○續속

世세 日 凡每月內自丑至午六日復月內自未至子六日為｜｜｜ ○六륙 儀이 日 自正月辰日逆數至臘月巳日為｜｜｜

暢창 快쾌 日 戊子戊申日外午申酉日 ○寶보 日 干生支之日 ○義이 日 支生干之日 ○

制제 日 干克支之日 ○伐벌 日 支克干之日 ○上상 朔삭 日 陰陽德俱虧日

地輿類

黑허 龍룽 潭탄 在吉城西北 ○土투 門믄 江걍 在瀋陽承德縣俗呼巨流河 ○嫩눈 江

瀋陽所屬 ○瀋신 河호 在瀋陽承德縣 ○木무 查자 河호 在瀋陽海城縣 ○梁량 水쉬 河

瀋陽所屬 ○渾비 沱토 河 瀋陽所屬 ○句쥐 驪리 河 在瀋陽承德縣 ○溜라 馬다 汀힌

瀋陽所屬 ○黑허 井징 井有黑石故名焉 ○景깅 山산 在景禁城門北 ○輝휘 山 在瀋陽承德縣

宇산 漢한 山 在瀋陽海城縣 ○東둥 水쉬 山 在瀋陽海城縣 ○泉쳔 山 在瀋陽海城縣

平頂山(평딩) 在遼陽西 ... 一名 又唐望山 ○ 車駕山(거가) 駐蹕於此山故名之 (平頂山之一名 唐太宗)

降龍山(항룽) 在遼陽海城縣 ○ 白平山(배) 在遼陽 城外 ○ 犏嶺 在遼陽 海城界 ○ 鐵(대)

嶺(링) 在遼陽 遼陽界 ○ 石門嶺(씨믄) 在遼陽 開平界 ○ 興隆嶺(힝룽) 在遼陽 沙河界 ○ 縷堤(뤼디)

흠은 방축 ○ 遙堤(얀) 멀리 싼 방축 ○ 滾水壩(쿠쉬바) 믈 가감 ᄒᆞᄂᆞᆫ 언 ○ 束水壩(슈) 믈 티ᄂᆞᆫ

드레 ○ 竹絡壩(쥬로바) 대광지에 돌 담아 막은 언 ○ 亂石壩(롼씨) 잡돌로 ○ 쌓은 언 ○ 魚鱗壩(위린)

고기비늘 ᄀᆞ치 ᄊᆞᆫ 언 ○ 龍門壩(룽믄) 너리 ᄃᆞ는 언 ○ 碑嘴埽(기쥐쏘) 붇에 뒤이지여 ᄂᆞ게 노흔 것 ○

古大臣官員類

冢宰(즁재) ㅣㅣ ○ 司徒(쓰두) ㅣㅣ ○ 宗伯(중버) ㅣㅣ ○ 司馬(마) ㅣㅣ ○ 司寇(쿠)

ㅣㅣ ○ 士師(씌씌) ㅣㅣ ○ 司空(쿵) ㅣㅣ ○ 陪臣(픠천) ㅣㅣ ○ 行人(힝인) ㅣㅣ

古冠冕類

獬豸冠 해채관 (御史所着) ○ 進賢冠 진현관 ||| ○ 鶡冠 할관 (勇夫所着) ○

鵕冠 위관 (太史所着) ○ 建華冠 건화관 (舞童所着) ○ 方山冠 방산관 (樂工所着) ○ 巧士冠 교사관

校尉所着 ○ 緇撮 치촬 ○ 網巾 망건 ||| ○

樂類

海上蟠桃之章 해상반도지장 (呈才時作) ○ 萬象清寧之章 만상청녕지장

(太宴進饌作) ○ 海宇昇平日之章 해우승평일지장 (太宴進茶作) ○ 玉殿雲瀾之

章 (大宴進酒作) ○ 大樹星橋之章 대수성교지장 (上元觀燈作) ○ 風和日麗之

章 (親耕後進膳作) ○ 春光之章 (親耕後進茶作) ○ 雲和送

章 ○ 奏之章 (親耕後進酒作) ○ 玉殿延英之章 옥전연영지장 (臨雍進饌作) ○ 文

物京華盛之章 (臨雍茶作) ○ 延閣雲叢之章 (臨雍進饌)

作 ○日麗中天之章 奎捷進饍作 ○景運執坤泰之章、

奎捷進孝作 ○聖德誕敷之章 奎捷進作 ○壯軍容之章 大閱

比安作 ○壺室威之章 大閱因安作 ○洙泗菁深長之章 禮部

述聖之宴作 ○啓天門之章 士宴作 禮部新進 ○和氣洽之章

兵部新進士宴作 ○南陵章 比安作 ○由庚章 作 比安 ○

軍器類

烏號弓 古之良弓 ○忘歸箭 古之良箭 ○子母砲 ||○

諸畜類

女奴 猫之別名 ○健雞 雞之推長者 ○衛 驢之別名 ○蹇 上同

獸類

天祿 텬록 天鹿之別名

〇 狒〻 비〻 似人而披髮迅走唇長見人則笑唇〻 〇 唇蔽其目多人而殺其血可染紅

以下清語抄

天 압카 ○日 슌 ○光 얼던 ○影 헐먼 ○月 뱌 ○月朗 뱌거훈 ○星 우시하

木星 모우시하 ○火星 투와시하 ○土星 뵈혼 ○金星 애신 ○水星 무커우시하

宿 톡돈 ○雲 투기 ○霞 쟈산 ○陰 툴훈 ○霧 탈만 ○雨 아가 ○下雨 아감비

雨晴 아가 가따가 ○露 시렁기 ○霜 거천 ○雪 니망기 ○下雪 니마람비 ○氣 숙둔

風 어둔 ○風起 어둔 더러 ○時 어린 ○今 어너 ○年 아냐 ○春 녕녀리 ○

夏 쥬와리 ○秋 보로리 ○冬 투워리 ○月 뱌 ○正月 아냐뱌 ○元朝

아냐이 넝기 ○上元 하친 ○昨日 식서 ○今日 여녕기 ○初一 이처 ○朔日

송거이 넝기 ○望日 왕가이 넝기 ○三十 구신 ○早 얼더 ○晚 얌지 ○夜 도뵈

暖 하룬간 ○寒 샤후룬 ○冰 쥬허 ○凍 거쳠비 ○地 나 ○地方 바 ○

某處的 뱅거 ○所屬地方 하랑가 바 ○野 비간 ○山 아린 ○石 워히 ○

水 무거 ○ 溪 슈민 ○ 淺 미치한 ○ 海 어더리 ○ 島 슌 ○ 池 오모 ○ 江 우라 ○

河 바타 ○ 井 후진 ○ 對岸 바지타 ○ 渡河 돕비 ○ 到對岸 아쿠남비

來 岸 아쿤심비 ○ 上 덜기 ○ 下 뷔절기 ○ 東 덜기 ○ 西 왈기 ○ 南 슈릴기

北 아말기 ○ 中 두림바 ○ 方 더려 ○ 前 슈려리 ○ 後 마타 ○ 皇帝 황더

皇上 더려 ○ 萬歲 두면서 ○ 皇太子 황 ○ 皇子 아거 ○ 和碩親

王 호쇠친왕 ○ 宗室 욱쥰 ○ 固倫額駙 구룬이어부 ○ 和碩額駙

호쇠공쥬이 호쇠어부 ○ 皇貴妃 황귀비 ○ 皇后 황후 ○ 和碩公

主 호쇠공쥬 ○ 晉 허므 ○ 封誥 봉너헌 ○ 大臣 안반 ○ 大學士

아리하빈헤다 ○ 軍機大臣 쥰해갓훈이암반 ○ 御前大臣 고치가

尚書 아리하암반 ○ 侍郎 앳한이암반 ○ 學士 앳한이빌헤다 ○ 武

大臣 초해암반 ○ 將軍 쟝쥔 ○ 都統 구사버가다라암반 ○ 官 하반

文官 빗헤하반 ○ 武官 초해하반 ○ 進士 도시가시 ○ 擧、 투거시

使臣 얼친 ○ 政 다산 ○ 治 다산비 ○ 威 호론 ○ 權 토스 ○ 禮 도로론

樂 쿠문 ○ 事 배타 ○ 大事 안바배타 ○ 表 이러두러머워심부러빌허 ○

箋 아리부머 ○ 奏 위심부러빌허 ○ 題奏 도론이위심부러빌허 ○ 奏本

안이위심부러빌허 ○ 正本 위심부러빌허 ○ 副本 아다부빈위심부러빌허 ○ 准

行 야부붐비 ○ 班 이두 ○ 辦備 버친 ○ 稟 자단 ○ 是 우루 ○

非 와가 ○ 刑 어룬 ○ 開刑 어루렬비 ○ 板子 운더헌 ○ 責打

탄탐비 ○ 贊進 이버붐비 ○ 進 이범비 ○ 謝恩 켜시더형기럼비 ○ 三

跪 이단나콴 ○ 九叩 우윤형긴 ○ 贊退 버드러붐비 ○ 退 버드럼비 ○

上朝 할가 샹비 ○ 行禮 도로 룬비 ○ 賓客 안다 하 ○ 主人 뵈고 지

香 햔 ○ 終 두버 허 ○ 死 부쳐 허 ○ 琴 기두 한 ○ 書 빈 허 ○ 經

노 문 ○ 詩 일거 분 ○ 李子 덥다 린 ○ 套 돕 돈 ○ 陽 아 ○ 陰 어

古 봉요 돈 ○ 文章 유병 런 ○ 作文 아단 비 ○ 作詩 일거 붐비

謄寫 도랍 비 ○ 寫字 사랍 비 ○ 書札 빈 허 ○ 字 헐 건 ○ 文

句 ○ 教 다치 잔 ○ 紙 호 산 ○ 筆 빙 ○ 墨 버 처 ○ 硯 원 ○

圖書 슈이텀 거두 ○ 一冊 어무 나선 ○ 數 토롬 베 ○ 第幾 우두 지

一 어 무 ○ 二 유 위 ○ 三 이 란 ○ 四 뒨 ○ 五 준 자 ○ 六 낭 군 ○ 七

나 난 ○ 八 자 쿤 ○ 九 우 윤 ○ 十 잔 ○ 百 당 구 ○ 千 밍 긴 ○ 萬 투 먼 ○

第一 유 쥬 ○ 第二 재 ○ 第三 이라 지 ○ 兵 쵸 라 ○ 砍 사침 비 ○

扎 토곰비 ○追提 빌로비 ○殺 왐비 ○賞賜 상납비 ○盔 사차 ○甲 신

弓 버릐 ○披箭 니루 ○腰刀 로호 ○小刀 휘지 ○鎗 기다 ○鞭 반두

鳥鎗 모잔 ○穗 기루 ○鞍 엉무 ○轡 하타 ○鐙 다분 ○鞭子 두

슈시하 ○人 날마 ○漢人 니간 ○高麗人 솔호 ○車夫 서지 ○商人 져

후대 ○喇麻 라마 ○和尚 휘산 ○醫生 옥지 ○算命人 로 날마 투와타

相面人 치타 타날마 ○祖 마바 ○祖母 마마 ○父 아마 ○母 어녀 ○爹

[illegible] ○娘 아자 ○夫 에건 ○妻 살간 ○從弟兄 자타 아훈 ○再從

弟兄 알아 아훈 ○弟 뫼 ○姪兒 자히 ○孫 오로 ○族 무쿤 ○姓

하타 ○外祖 고로 ○女兒 살휘 ○女婿 호혼 ○外孫 고로 ○朋友

子 ○老 삭다 ○年紀 서 ○少 아하 ○長 지 [illegible] 무하 ○身 버여

頭우쥬 ○臉더려 ○眼야자 ○眉뱅만 ○耳산 ○鼻오보로 ○口앙가 ○

牙웨허 ○鬍鬚 ○鬚사루 ○脖項몽끈 ○手가하 ○指집훈 ○肚허버되

背뷔사 ○腰야타 ○腿벤허 ○骨기기랑 ○皮수쿠 ○肉야뢰 ○氣숙둔

尿시쉬 ○屎하무 ○出恭투뤄 ○生相바넌 ○形相好알가 ○身봉

材高강타가 ○胖子진이 ○瘦들가 ○顏色보죠 ○想着子남

비 ○心무런지 ○甚是造化압저시시 ○貴위훈 ○安열허 ○富

窮비비얍 ○極富박타탄쿠다 ○孝호슌 ○忠톤도 ○料事不差

언타더쿠 ○敬깅균 ○敢철훈 ○可怕저휴러커 ○名너부 ○可嘉새휴샤가

果真好안새다칸 ○幾時아기랑 ○怎麼아되다머 ○甚麼애 ○為

何애누 ○何處애더 ○怎樣了애하나 ○做甚麼애비납 ○怎麼

說來 어애스 ○ 說甚麼 비애슴 ○ 這不是麼 리어 ○ 爭個 竽

有麼 부 ○ 沒麼 쿤아 ○ 安麼 후얼 ○ 看 비투 ○ 聽見 비돈짐

知道 비삼 ○ 給 비붐 ○ 罷了 쇼 ○ 道謝 비붐 ○ 生受了 하바니 ○ 感

激 비후섭 ○ 狠多 야바다타 ○ 送來 비번짐 ○ 取去 비가남 ○ 使拏來

가지 ○ 生 진반 ○ 喜 균울 ○ 貧 훈야다 ○ 沒有 쿠아 ○ 餓過了 로혼옥토 ○

害冷 비버엄 ○ 甚麼意思 욕토애욕 ○ 怒 리지 ○ 怕 비거럼 ○ 驚 롬고

비 ○ 言 순기 ○ 說漢話 랑비니카 ○ 說清話 랑비만쥬 ○ 不能荅對

가후 샹비 ○ 話不清楚 연부붕 ○ 絮叨 담비달후 ○ 嘮叨 비룽심 ○ 聲

질간 ○ 音 단무 ○ 行走 비야붐 ○ 步 손옥 ○ 去 비거엄 ○ 來 비집 ○ 面 림마

비 ○ 歸 럼비버드 ○ 乏 비샤담 ○ 困了 랍비샤부 ○ 醒 비거덤 ㅅ

快 훈후 ○ 惡ㄷ忙ㄷ 후어부 ○ 雷下 부비 ○ 厭 비에멈 ○ 怪 삼와비카

怎麼說 지압 ○ 逃 비우감 ○ 賊 하홀 ○ 病 쿠니머 ○ 疼痛 비니멈

瞎子 가도당 ○ 聾子 루두 ○ 啞吧 러허 ○ 瘸子 룬도호 ○ 太過

다바 타라 ○ 怎麼樣呢 하애나 ○ 醉鬧 비쉬훈 ○ 癱軟

틀 ○ 羞 비기룸 ○ 暴 신독 ○ 脹 휴거 ○ 哄 비훌룸 ○ 謗 간얄 ○ 常

常的 해아루 ○ 我 비 ○ 我的 니미 ○ 是我的 거미닝 ○ 你 시 ○

是你的 거시닝 ○ 誰 커위 ○ 誰的 거웽 ○ 咱們 스무 ○ 是咱

們的 거무닝 ○ 他人 퇴워 ○ 因甚麼 더에 ○ 望求 하애나 ○

怎麼處 치애나 ○ 怎麼樣呢 타애나 ○ 做甚麼的

애나 랑거 ○ 岔散 퇴애거 ○ 反倒 강어러가 ○ 一同 더엄 ○ 若是

오치 ○ 不可 효쿠 ○ 的 녕거 ○ 甚麽 노캐 ○ 處 바더 ○ 羅呀

배 ○ 只是 배비 ○ 把 버 ○ 有 비 ○ 不知 살쿠 ○ 就是那個

당기 ○ 每 하 ○ 既然 더드 현더 ○ 況且 더터 ○ 彼 數 투바 ○ 所以

툰투 ○ 怎麽說 압시 ○ 粗 ○ 草 저티 시 ○ 又 거피 ○ 佛 부서

神 연티 두 ○ 鬼 후두 ○ 醫 옥함 토비 시 ○ 藥 옥토 ○ 大碁 도묘 ○ 象棋

장슈 ○ 骨牌 기사 랑수 기쿠 ○ 國 쿠룬 ○ 皇城 돌기 ○ 城 호룬 ○ 路 쥬군

宿 더둔 ○ 中 ○ 伙 ○ 宴 우던 ○ 市 후바 대 ○ 遠方 묘키 로 ○ 近

安 한기 치 ○ 官 쿠룽 ○ 殿 더연 ○ 房 보 ○ 總 바 ○ 炕 나한 ○ 地

手 운더 현바간 ○ 墻 부 ○ 開 멈비 ○ 閉 약비 ○ 田地 우진 ○ 種 타비 림

栽 비더 붐 ○ 買 우대 담 ○ 賣 운배 참 ○ 價値 후다 ○ 貴 망가 ○ 賤

자 ○ 大石 바둔 ○ 板斗 ○ 合 오호효 ○ 斤 깅건 ○ 錢 지하

分 뷘 ○ 重 우젼 ○ 捶 웨권 ○ 撣 후 ○ 猴 분하 ○ 網 아수 ○ 夾子

거지 ○ 寶貝 보배 ○ 金 애긴 ○ 銀 명균 ○ 錢 지하 ○ 玉 구 ○ 紅

銅 관 ○ 鐵 서뎌 ○ 火 두와 ○ 爐 로 ○ 燈 등잔 ○ 蠟燭 아얀

大鐮 야타 타쿠 ○ 兵茸 버더허 ○ 點火 다붐비 ○ 鍜 유쳐 ○ 紬

수퇴 ○ 綾子 두버퇴 ○ 絹 쳐퇴 ○ 紗 처쳐 ○ 毯子 비수 ○ 布

보쇼 ○ 毛青布 보친 ○ 綠 ○ 紫色 보효 ○ 黃 ○ 紅

블간 ○ 天青 문 ○ 紫 ○ 白 샨얀 ○ 綠 ○ 黑 사란하 ○

青 야친 ○ 冠 마하타 ○ 護耳帽 ○ 氈帽 ○ 衣

腰帶 우며균 ○ 荷包 바두 ○ 靴 하 ○ 襪 보치 ○ 皮毛

皮許○穿어룸비○枕치롬비○腕숨비○鋪墊석덤비

被지허훈○包裹유훔비○髦더훈○扇子붓허쿠○撓모로

匙子새비○大盆비러쿠○很多밧스믜○缺少어져훈

分훤○寸즐훈○尺쥬루○丈쥬다○新이재○舊붜○

大암바○小아지○折비잡비○長골민○短보호론○方

호옹고○圓무런○厚지민○薄너편○刻보롬비○抹

鰾암감문비○磚빙스○尾와스○繪畫너룸비○船자대

轎뫼○車서젼○擡루빕○車誤住봐담비○飯

부아○肉야리○肥랄훈○瘦룰가○羹사한○麵시스○葱

어루○薑불수○秦椒가리○鹽담순○黃酒부리○

燒酒(알기)○茶(채)○餑餑(번어)○重皮燒餅(가피쇼빈)○

喫了(져거)○讓喫(부져)○咊(암리)○香(왕가)○醎(하훈)

苦(고사훈)○酸(쥬쥬훈)○辣(불긴)○甜(잔쥬훈)○澀(벽쥬훈)○

饅(불잔)○餑(우젼)○硬(방가)○米(배리)○粳米(한두)○豆

(투리)○小豆(시사)○芝麻(마량즈)○果子(투비허)○西瓜(둥가)

鄒(도리)○莘(올호)○人參(올호다)○對(里)○竹(쥬느)○柳

(보도호)○根(부러허)○本(나)○幹(칙던)○枝(갈간)○葉(압다허)

花(일화)○梅花(넌던)○蘭花(숭일허)○(거리)○海棠(부나라)○

蓮花(쥬)○菊花(보리)○咭咭(봉고)○開(이암대)○鳥(갓허)

喜鵲(삭사허)○烏鴉(가허)○鶺鴒(뭉쥬)○翅(엇허)○尾(윈쥐현)

獸 주굴 ○ 象 슈반 ○ 虎 칫하 ○ 熊 부러 ○ 鹿 부후 ○ 麅 亨

실가 ○ 麞 과 ○ 猩 ⺀ 실싱 ○ 猿 보뇨 ○ 鼠 싱리 거 ○ 牲畜 우지 다

羊 호넌 ○ 猪 울간 ○ 狗 인다훈 ○ 鴨 녀허 ○ 鷄 초코 ○ 馬 모딘

橐駝 아친 ○ 騾 료긴 ○ 驢 애헌 ○ 走 옥비 손 ○ 蹄 ○ 步 好 목선 손

跑 벅비 심 ○ 牛 어쇼 ○ 龍 부리 두 ○ 魚 이자 마 ○ 蟲 우하 야 ○

本面落張

漢語 人

漢語 人

給類

□滔 논화며 로다 ○ 編派 반 모이 짓다 ○ 扣剋 구 극 사롬혜여 논호다

○ 一半 반 中 듕 的 디 平 凡物一半三半 ○ 割截 저 쳔 저비지 로다 ○ 輪著 륜 죠

분수에 맛가 ○ 很多 흔 도 만타 ○

取送類

運送 윤 숭 나루다 ○ 接用 졉 융 받고와 쓰다 ○ 送來 숭 래 보내여 오다 ○ 取去 츼 큐

拿 가 나다 가질라 ○ 使拏來 이 나 가져오라 ○ 又 다 고 ○ 使人去取 인 사롬 보내여 가질라 가다

○ 轉傳 쥰 쥰 로 ○ 陸續 루 쉬 니음다 라새 ○

落空類

除去 추 큐 다 ○ 間隔 간 거 出 다 ○ [illegible] 다 ○

落空 수에싸지다 ○

求望類

各處央求 여그저그구ᄒ다 ○ 希圖僥倖 요힝보라다 ○ 捨臉 모로몸치ᄒ다 ○ 央求 빌어구ᄒ다 ○ 討化 바로리ᄒ다 ○

生産類

覺撒 자식비롯다 ○ 分娩了 자식나타 ○ 胎包下了 회나ᄉ하 ○ 坐月子 히산ᄒ온돌 ○ 過了月 유월ᄒ다 ○ 揚聲叫喚 을쉬소리ᄒ여아히재오다 ○ 照看 아히보히다 ○ 親嘴 입맛초다 ○ 搋子 삿깃 ○

喜樂類

狠爽快了 그장샤원ᄒ다 ○ 眼亮了 눈이번ᄒ다 ○

愛惜類

愛不釋手(애부셕슈) 앗겨손에노치못ᄒᆞ다 ○ 湊巧(ᄌᆞ쟈) 공교히마초다 ○ 愛惜(애시) 앗기다 ○ 看怎麼樣(간즘마양) 보고엇덜가조심ᄒᆞ다 ○ 小心着(샤신죠) 조심ᄒᆞ다 ○ 好的(한디) 조심ᄒᆞ여잘ᄒᆞ다 ○

嘻笑類

撇嘴笑(폐쥐쌰) 빙긋웃다 ○ 忍不住猛笑(연부쥬믕쌰) 참지못ᄒᆞ여믄득웃다 ○ 響笑(향) 히히대요ᄒᆞ다 ○

戲耍類

撒癲(사댄) 임내내다 ○ 格支(거재) 근지러이다 ○ 翻觔斗(반긴드) 곤두질ᄒᆞ다 ○ 撣(단) 敲腦(쿄노) 나마도기다 ○ 打瓜子(다과즈) 손목치다 ○ 戲法(희바) 술환 ○ 利子(리즈) 노희

의리 ○ 秧歌(양가)이 예ᄂᆞ ○ 古詞(구ᄎᆞ) 니야 기 ○

貧之類

剗舊(찬구) 의복 긔욘고 으러누러다 ○ 襤褸(란류) ㅣㅣ ᄒᆞ다 ○ 剛殼遇(강구고) 네요지 버다 ○

狠窮(흔궁) 가장 곤ᄒᆞ다 ○ 赤貧(ᄎᆡ핀) ㅣㅣ ○ 度命(두밍) 연명ᄒᆞ다

當借類

當佇(당두) 뎐당 믈건 ○ 當鋪(당푸) 뎐당 푸ᄌᆞ ○ 許贖(휴슈) 뎐당믈 내주다 ○ 放債(방재)

빗내다 ○ 借債(제재) 빗내다 ○ 立券(리퀸) 셩문ᄒᆞ다 ○ 債累(재뤼) 빗시러기 ○ 抵(디)

還(환) 뎐당치다 ○ 移債他人(이재타인) 빗넘기다 ○

飢饉類

飢餓(기워) 기ᄂᆞ다 ○ 饞的慌(찬디황) 게걸드다 ○ 餓過了(오고랴) 허기지다 ○

寒戰類

害冷 하이렁 칩다 ○ 凉着了 량죠랴 저이 칩다 ○ 凍的疼 둥디텅 얼어 ᄃᆞ다 ○ 冷的削 샾

臉 랸 치워 ᄲᅢᆷᄲᆡᆨ 눈ᄎᆞᆯ ᄒᆞ다 ○ 透骨寒 투구한 새ᄧᅧ리게 칩다 ○ 冷的發噤 렁디바긴 치워 속ᄯᅥ

다 ○ 渾身打戰 훈신다잔 왼몸 서ᄯᅥᆯ다 ○ 凍僵了 둥걍 치워 벗벗ᄒᆞ다 ○ 受不得 쳑부더

견ᄃᆡ지 못ᄒᆞ다 ○ 凍拙了 둥쥬 한츅ᄒᆞ다 ○ 凍木了 둥무 치워 손발 저리다 ○

怨恨類

咽噥 고농 중얼 거리다 ○ 生氣 셩키 셩내다 ○ 氣極了 키지 디ᄆᆡᆨ히게 분ᄒᆞ다 ○

恨的咬牙 흔디얖야 흔ᄒᆞ여 니 ᄀᆞ다 ○

愁悶類

懊惱 앞낲 뉘웃ᄎᆞ며 민망케 ᄒᆞ다 ○ 愁的皺眉 쳑디젹미 근심ᄒᆞ여 눈ᄡᅵᆸ 지프리다 ○ 焦 쟢

躁 ㅣㅣ 하다 ○

悔歎類

後悔 ㅣㅣ 하다 ○ 白白的 부질업시 ○ 教人不味兒 맛쓴덥지못

하다 ○ 有要無緊的 대관업시 ○ 爲甚麼來呢 어이 그리ᄒᆞ고

甚麼稀罕 무어시 귀ᄒᆞ여 ○ 甚麼意思 므ᄉᆞᆷ의 ᄯᅳ로

哭泣類

淌淚交流 코눈물 흐르다 ○ 慟哭 ㅣㅣ 하다 ○

怒惱類

眼圓睜 눈부릅ᄯᅳ다 ○ 氣的臉青 셩내여 ᄂᆞᆺ빗 두르다 ○ 亂撒 셩내여 ᄂᆞᆷ과 싸

摔 셩내여 ᄲᅮ르치다 ○ 摔撥 셩내여 부듸잇다 ○ 發脾 셩내여 ᄂᆞᆷ과 싸

호러 ᄒ다 ○ 氣긔平평了랴 셩풀니다 ○ 彼비此ᄎ不부對뒤 피ᄎ뒤면치 아니ᄒ다 ○

嘟두着죠嘴쥐 입내여 입뒤죡 구러지다 ○ 鬚쉬鬢 髮바亂란炸자 怒髮나 러이다

怕懼類

嚇허的디白배瞪등眼얀 놀라눈 버ᄂ ᄒ다 ○ 畏위懼귀 저퍼ᄒ다 ○ 嚇허的디發바

怔졍 놀라 망조ᄒ다 ○ 嚇一이跳턒 놀라도도 못ᄒ다 ○

言論類

說쇼漢한話화 ᄒ語 ᄒ다 ○ 說淸칭話 淸語 ᄒ다 ○ 狠흔ᄃ的디 이미 ○

提디白배 일ᄊ와 미ᄒ다 ○ 冒맏失씌 말불계 ᄒ다 ○ 喧샌嚷양 지쳐 ᄃ다 ○ 抄찬

尾위說쇼 뒷ᄉ놀니 말ᄒ다 ○ 話留릭後후尾 말ᄉ날 기다 ○ 截재話화 막아 말ᄒ다

橫흥插차話 마즙저 말ᄒ다 ○ 遮져飾씌 말ᄉ무 미다 ○ 莽망撞챵 피식모로 고샹업시

말ᄒᆞ다 ○ 話不清楚 말분명이못ᄒᆞ다 ○ 齩舌 혀져ᄅᆞ다 ○ 結巴 말더두어리다 ○ 絮叨 ᄌᆞᆫ말ᄒᆞ다 ○ 嘮叨 ᄌᆞᆫ말ᄀᆞᆺ치지아니ᄒᆞ다 ○ 傻說 어린말ᄒᆞ다 ○ 說村話 향암된말ᄒᆞ다 ○ 粧聾 귀먹은톄ᄒᆞ다 ○ 詐聽

扯錯了 말ᄂᆞᆫ그릇듯다 ○ 暗說 ᄀᆞ만이말ᄒᆞ다 ○ 悄悄的 ᄌᆞᄌᆞᄒᆞ다 ○

大聲說 소리질러말ᄒᆞ다 ○

聲響類

打哨子 휘파람ᄒᆞ다 ○ 羊咩 양우다 ○ 狗叫 개즛다 ○ 鳥鳴 ᄂᆞᆯ즘ᄉᆡᆼ우다 ○

坐立類

坐着 안ᄌᆞᆺ다 ○ 盤膝坐 ᄉᆞ라리안ᄌᆞᆺ다 ○ 單腿跪坐 ᄒᆞᆫ다리ᄭᅮᆯ고안ᄌᆞᆺ다

伸腿坐 다리펴고 안ᄌ다 ○ 抱膝坐 무룹안고 안ᄌ다 ○ 挪座 자리뷔오다

站立 셔다 ○ 猛站起 급히 니러셔다 ○ 蹺着 발ᄭᅳᆺ터 드듸다 ○ 抄手 팔장 지ᄅ다 ○ 倒背手 뒤짐지다

行走類

當日回來 그날도라오다 ○ 跑脫了 ᄲᅡ뎌ᄃ라나다 ○ 跐磚過 가ᄂᆞᆫ 징검도리 건너다 ○ 跳過 건너ᄯᅱ다 ○ 攛上去 츼ᄯᅥ올으다 ○ 一蹬一蹬的上 층ᄎ이올으다 ○ 抄近走 즈름길로가다 ○ 倂程 빅찰ᄒ다 ○ 不覺快自快 ᄲᆞ른줄모ᄅ게ᄲᆞᄅ다 ○ 遶彎 에워가다 ○ 離遠了 멀니ᄯᅥ러지다 ○ 遊蕩 부절업시ᄃ니다 ○ 觀望着走 여긔뎌긔ᄭ며가다 ○ 摸索着走 더드머가다 ○ 擄袖 ᄉ매ᄯᅳ치다 ○ 湊後 前仰後

合허 취ᄒᆞ여 뷔것다 ○ 金차 雕퇴 走주 영깃영깃ᄒᆞ여가다 ○ 路리 瘸궤 살오기다 ○ 一이

氣키 跎타 去큐 혼숨에 가다 ○ 胖팡 笨븐 둔파ᄒᆞ다

歇息類

歪왜 靠캎 시즈리다 ○ 挂과 着죠 괴오다 ○ 歇해 陰연 凉량 그늘에 쉬다 ○ 搧산

扇산 子즈 부체질ᄒᆞ다 ○

去來類

起키 行힝 길떠나다 ○ 恰캬 好할 撞장 來래 맛초아 잘오다 ○ 大다 家갸 散산 去큐

대되 허여지다

疲倦類

歇해 後후 轉좐 過과 쉬도록 못부다 ○ 過과 透투 了랖 국히 못부다 ○ 狠흔 過과 了

上 月

背走 은려 파희 셔이치다 、

睡卧類

通腿睡 발 막아 ○ 醒着 셔 여 잇다 ○ 困大 다 즘 겁 ○ 困

了 조올리다 ○ 打哈息 하 피 옴 호다 ○ 磕睡 조올며 그 덕이다 ○ 似睡不

睡 자는 듯 마는 듯 호다 ○ 打呼 코 고으다 ○ 說夢話 잠 꼬대 호다 ○ 做夢

꿈 꾸다 ○

畏怯類

不住 염 초 지 아니 다 ○ 立刻 즉 각

留遺類

存着 잇 다 ○ 汪那邊些 져 마 작

搖動類

搊起 다 ○ 調轉 옴기다

拿放類

把着 잡다 ○ 瞅冷拿住 엿보다가 잡다 ○ 將及不及 잡을듯ᄒᆞ다

고못잡다 ○ 隨拿隨脫 잡앗다가 ᄲᆞ지다 ○ 不得力 든든이 잡지못ᄒᆞ다

無拿手 손붓잡을 ᄃᆡ 업다

擲撒類

繫石撒 물매디지다

遇合類

撞見 마조치다 보다 ○ 該着 조치다 ○ 碰 마조다 ○ 會見 만나다

다모

憎嫌類

惡心(어신) 아니 꼽다 ○ 不順眼(부슌안) 눈에 걸니다 ○ 趁願(쳔원) 잘되고 ○ 好暢快(할창쾌)

괘ᄀ장상 ᄒ다 ○ 做甚麼(조심모) 무엇 ᄒ리

倭把類

尋趁(쉰쳔) 흰데 어드려 ᄒ다 ○ 無緣無故(우원우구) 무졀 업시 ○ 尋趁慣了(쉰쳔관랴) 다시

리기버 뭇되다

鄙薄類

這樣本事麽(져양번싀모) 이러조 생각 ○ 話把(화바) 말ᄉ 거리

責備類

擯빙 白버 희잔주다 ○ 又 수죄ᄒᆞ다 ○ 擻두 捽졸 색부디 지다

折磨類

當당 奴누 才채 使ᄊᆡ 종 굿치 부리다 ○ 作조 賤쳔 쳔히녀기다 ○ 折져 奪도 쳔디ᄒᆞ다

咒罵類

沒무 體티 面맨 톄면 업다 ○ 砍칸 頭두 的디 목버힐 놈 ○ 遞쳐 罪쥐 的디 죄지을 놈 ○

殺사 材채 죽일 것 ○ 嘴쥐 巴바 骨구 조口人 것

竊奪類

丟디 了랴 일타 ○ 截졔 路루 길 즐러 막다 ○ 窩오 主쥬 졉쥬인

疾病類

病빙 了 병 드다 ○ 瘋퐁 了 미치다 ○ 小샾 児을 發바 積지 아ᄒᆡ 몸 덥고 보채다

惡心어신 아닉압다 ○ 乾噦간얘 헛구역ᄒᆞ다 ○ 打噴嚏다분티 ᄌᆞ최옴ᄒᆞ다

疼痛類

疼痛둥퉁 알프다 ○ 眼迷얀미 눈에몬지드다 ○ 腰扭얖뉴 허리ᄲᅵ근ᄒᆞ다

落枕로젼 자항증 ○ 疼的着不得手둥디죠부더쇠 알ᄒᆞ손다히지못ᄒᆞ다 ○ 冒ᄆᆞᆼ

風ᄫᅮᆼ 감기ᄯᅧ시다 ○ 落炕로캉 몸져눕다 ○ 病倒빙닾 병듕ᄒᆞ여운ᄌᆞᆨ이치못ᄒᆞ다 ○

不省人事부싱인ᄉᆞ ㅣㅣㅣㅣᄒᆞ다 ○ 失音시인 병듕ᄒᆞ여말못ᄒᆞ다

瘡膿類

針眼젼얀 다라치 ○ 生瘡셩촹 헌ᄃᆡ나다 ○ 惡指어지 싄혼손알타 ○ 鷄기

眼얀 눈듸 ○ 見苗견먀 닥뵈다 ○ 出花츄화 역질돗다 ○

傷痕類

碾년傷샹 、미가에 버서지다 ○ 擦차破포 ᄒᆞ여 러지다 ○ 刺ᄌᆞ扎차 가싀 질리다、

殘缺類

禿투子ᄌᆞ 민마리 ○ 瞎할子ᄌᆞ ○ 濟졔一이足주 ᄒᆞᆫ다리 저다 ○ 眇묘一일目무 ᄒᆞᆫ눈 머다 ○ 聾룽子ᄌᆞ 귀머거리 ○ 聾룽手 打다岔차 귀먹어 두려두려ᄒᆞ다 ○

啞야吧바 벙어리 ○ 糟잔鼻비 코부리 ○ 癭잉袋대 혹 ○ 歪왜頸보 목기우다

雞기胸흉 곱장이 ○ 羅로鍋고 허리곱은이 ○ 瘸졔子 져는이

謠黷類

黏냔抓좌 사ᄅᆞᆷ시ᄅᆞᆯ 이ᄂᆞᆫ이 ○ 困군手쉬酒직 술에 곤ᄒᆞ다 ○ 粧좡俏챺 교티ᄒᆞ다 ○

精疑類

含한糊후 ᄒᆞᆫ리멍덩ᄒᆞ다 ○ 三산心신二을意이 이리ᄒᆞ락 뎌리ᄒᆞ락ᄒᆞ다 ○ 想샹是 이시

생각건대 ○ 或是혹씌 혹그러가 ○ 或者혹쟈 ㅣㅣ ○ 莫不是모부씌 아니그런가 ○ 又하

지못세라 ○ 好像是호샹씌 맛치이것이 ○ 想是샹씌 혼여시리로다 ○ 若是요씌 만일

怎麽樣呢즌모양니 엇지혼엿시니

驕矜類

擡大聲태다쎵 머친혜 ○ 容不下융부햐 용납지못혼다 ○ 充能的人츙능듸인

눙혼혜 혼는이

輕狂類

無耐性우내싱 견델셩업는이 ○ 抖擻두수 ㅣㅣ 리라 ○ 東張西望둥장시왕

이리져리보다 ○ 淘鬧 유젼혼다 ○ 嘴快人쥐쾌인 부리쳔이

強淩類

壓派(압패) 억지로ᄒᆞ다 又 핍박ᄒᆞ다

懦弱類

畏縮(외소)ᄒᆞ다 忐忑(탄터) 鼓頭鼓腦(대두대뇌) 어릿어릿ᄒᆞ다 遍(변)

淺(쳔) 무음 좁다 隨人(쉬인) 일에 뒤지는 사ᄅᆞᆷ 肯忘(큰왕) 나ᄋᆞ치ᄂᆞ다 全(쳔)

然(연)志了(지료) 아조 닛다 扯鋪兒(쳐부ᄋᆞᆯ) 일에 븡곳 븡곳ᄒᆞ다

愚昧類

憨人(한인) 실업슨 사ᄅᆞᆷ 傻子(사ᄌᆞ) 어린 이 傻公子(공ᄌᆞ) 어린 公子 妄談(왕탄)

人(인) 망녕되이 말ᄒᆞᄂᆞᆫ 사ᄅᆞᆷ

過失類

誤(역)錯了(초료) 사ᄅᆞᆷ그ᄅᆞᆺ아다

羞愧類

婦부女녀面면靦뎐 계집의스러워ᄒᆞ다 ○ 靦뎐臉련 붓그러의 면ᄒᆞ다 ○

暴虐類

性성緊긴 성급ᄒᆞ다 ○ 嚷양鬧난 요란써다 ○ 酷쿠苛거 ㅣㅣ ᄒᆞ다 ○

懶惰類

滑화透투了랴的디 온갓일에 희ᄒᆞ는이 ○ 支자吾우 어리져리 ○

迂踈類

大다方방模모樣 대범ᄒᆞ다

欺哄類

虛희假갸 거짓 ○ 混훈撒사謊황 망업시헛말ᄒᆞ다 ○ 善산哄훙人인的디 사ᄅᆞᆷ소기기잘

ᄒᆞ는이 ○ 信신口구撒사謊황 입에나는대로거즛말ᄒᆞᆫ다 ○ 明명知지故고問문 알고며짐짓

다못ᄒᆞ ○

奸邪類

鬨홍計계 다ᄉᆡ쓰 ○ 改ᄀᆡ嘴췌 변ᄉᆞᄒᆞᆫ다 ○

讒諂類

背비後후毁훼謗방 못보는ᄃᆡ훼방ᄒᆞᆫ다 ○ 附부合합 ᄯᅳᆺ맛초다

凶惡類

鐵쳘幹간人인 힘쓰지[illegible] 아닌사ᄅᆞᆷ ○ 光광棍곤 비부쾨(?) ○ 賴뢰皮피 남의게말오기

잘ᄒᆞ는이 ○ 泥니腿퇴 남의싸홈에부ᄯᅴ치는이 ○ 坐좌地디虎호 제곳에살ᄂᆞᆫ사ᄅᆞᆷ ○ 強강

是시爲위非비 억지로우기다 ○ 背ᄇᆡ反반卦과 [illegible] 변덕ᄒᆞ기잘ᄒᆞ는이 ○ 心심話화 [illegible]

마음 덩흔 것 업ᄂᆞᆫ 이 ○ 悉了(연료) ᄒᆞ다 ○ 黑心(흑심) 못쓸 ᄆᆞ음 부리다 ○ 擱人好事(각인호ᄉᆞ)

남의 도흔 일을 희짓다 ○

貪婪類

獨佔(두졈) 혼자 가지다 ○ 摟(루) 그러 가지다 ○ 全摟(젼루) 모도 그러 가지다 ○ 攢(찬) 需索(슈소)

的(뎍) 징역ᄒᆞ기 나ᄆᆞᆫ 이 ○ 爭多(징도) 욕심내여 ᄂᆞ호다 ○ 賺(잠)手(슈) [illegible] ○

留後手(류후슈) ᄂᆞᆫ호ᄋᆡ 이에 조흔 것 가지다 ○ 爭添(징텸) 두정ᄒᆞ다 得後(득후)

爭索(징소) 치물 엿고 또 어드려 ᄒᆞ다 ○ 給比(급비) 다고 [illegible]

邋遢類

邋遢(랍타) 조출치 아니다 ○ 泥垢糊滿(니구호만) 두룬ᄒᆞᄆᆡ 묻다 ○ 衣盡油污(의진유오) 옷시

기름ᄆᆡ 묻다 ○ 沾污(졈오) 더러온 것 뭇다

厭惡類

嘴毒 부리사오납다

鄙瑣類

嘴碎 잔말ᄒᆞᄂᆞᆫ이 ○ 婆氣人 힘ᄉᆞ데집ᄆᆞ든이 ○ 沒要緊 긴치아니

타 ○

鈍繆類

村粗 무지ᄒᆞᆫ이 ○ 屯頭 촌스러온이 ○ 固執人 고집ᄒᆞᄂᆞᆫ이 ○ 拘泥

고집ᄒᆞ다 ○ 只管 그저 ○ 沒眼色 눈치보로다 ○ 不在行 일몰로ᄂᆞᆫ이

洗漱類

洗濯 通稱 씻다 ○ 浸蘸 ᄃᆞᆷ가브르다 ○ 擠水 물짜다 ○ 擰水

비틀어 싯다 ○ 糨粉 풀니 ○ 石灰水 진물

乾燥類

晒着 볏혜 뵈오다 ○ 烤 불쐬야 뵈오다 ○ 晒晒 버퇴여 뵈오다 ○

晾劈柴 시린나모 볼뢰오다 ○ 烤乾 활나 드다

濕潮類

蔫 저저뎌 지다 ○ 蔭開 점점뎌 지다 ○ 蔭大 크게뎌 지다

抽展類

抽縱 주킈다 ○ 折疊 졉다 ○ 屈抽 주다 ○ 縮縱另 이실

들저저 주다 ○ 打開 펴다

完全類

統共 퉁궁 도도 ᄒᆞᆫ가 ○ 實落 씨로 다조 ᄒᆞᆫ가 ○ 普裏 푸리 다 대되 ○ 儘情 진칭 곳이

一概 이개 도모지 ○ 有的 위디 沒的 모디 잇ᄂᆞᆫ것 업ᄂᆞᆫ것 ○ 普遍 푸변 두루 ○ 都 두

是 씨 이대되 ○ 到底 닷디 내나죵 ○ 畢竟 비징 ᄆᆞᄎᆞᆷ내 ○ 只管 지관 무거

무거 ○ 常常的 챵챵디 건네 ○ 一切 이쳬 갓온 ○ 樣樣 양양 갓갓지

爾我類

我的 오디 나의 ○ 在我 재오 내게 ○ 把我 바오 나ᄅᆞᆯ ○ 是我的 씨오디 내것 ○

是你的 씨니디 네것 ○ 我們 오믄 우리ᄅᆞᆯ ○ 各自 거즈 各自的 각각 ○ 各

人 인 各人 제곰제곰 ○ 他的 타디 저의 ○ 是他的 저의것 ○ 他們 타믄

저들 ○ 向誰 향쉬 뉘게 ○ 自誰 즈쉬 뉘게로 ○ 誰呀 쉬야 뉘냐 ○ 把誰 바쉬

누고ᄅᆞᆯ ○ 誰的 뉘것 ○ 那箇 나거 어너 ○ 向那箇 향나거 어너의게 ○

從충那나箇거 어ᄂᆡ게로셔 ○ 咱자們문 우리 ○ 是시咱們的 우리의 거시

這저些새人인 이사ᄅᆞᆷ들 ○ 這箇 이 ○

敬語類

如유何호 엇지 ○ 該개當당 맛당타 ○ 有유甚선麼모 무어시 이시리 ○ 因연

甚麼 무어스로 ○ 豈키不부 엇지 아니 ○ 怎즘麼處추 엇지 ᄒᆞ고 ○ 無우

論룬怎즘麼모罷바 아무리 ᄒᆞ거니 ○ 能능怎樣양 능히 엇지 ᄒᆞ리 ○ 怎麼

樣呢니 어이 ᄒᆞ리 ○ 未위必비 마치 모롤다 ○ 從충何호處추 어ᄃᆡ로셔 ○ 說쉬

若요 만일에 ○ 動둥不부動的디 걸핏 ᄒᆞ면 ○ 豈키敢간 엇지 감히 ○ 何호

必비 구ᄐᆡ여 ○ 直지甚麼 무어시 ᄊᆞ니 ○ 有유甚要얀緊긴 무어시 긴ᄒᆞ리

ᄒᆞ여 ○ 與위其기 ᄒᆞᆷ으론 ○ 有趣취 맛잇다 ○ 彀구得더着쟢 넉넉

다 ○ 因此 이러모로 ○ 益發 더욱 ○ 正是 졍히 올ᄒ다 ○ 又 그러치、○

這裡呢 여긔 어내 ○ 以此 일로 ○ 幾乎 거의 ○ 足已

費了 音죄ᄒ여 ᄉ다 ○ 不由的 절로 ○ 總得 대개 ○ 儘着

온가지로 ○ 這些 이것들 ○ 這們那們 이리져리 ○ 這樣

되던ᄉ ○ 一同 ᄒᆞᆫ가지로 ○ 左右是左右 이러나져러나 ○ 若

是 이러면 ○ 因爲 이러모로 ○ 雖則 비록그러나 ○ 不可

ㅣㅣ ᄒ다 ○ 何等 엇더ᄒᆞᆫ ○ 每ㄷ的 벅벅이 ○ 雖然 비록 ○

不得已 ㅣㅣㅣ ○ 將能着 계요 능히 ○ 將就 짐쟉ᄒ여 ○ 又

의지ᄒ여 ○ 盡是 다이 ○ 甚易 아조 쉽다 ○ 是個漢子

ᄉ나히로다 ○ 罷呀 마라 ○ 也是 다만 又그러 ○ ○ 想是有 이시

僧道部

리라 ○ 趲且 잔채 아ᄌᆞ ○ 就是那箇 직시 나거 그만ᄒᆞ여도 ○ 旣然 긔연 임의

그러면 ○ 況且 황채 ᄒᆞ믈며 ○ 那樣 나양 뎌러ᄐᆞᆺ ○ 原來 완래 본ᄃᆡ ○ 無了 우랴

其間 기한 업다 ○ 到那時 다나시 그때에가 ○ 又ᄒᆞ면 ○ 適纔 시재 마ᄎᆞᆷ ○ 剩 아

閑勁 한긴 말ᄇᆞᆫ다 ○ 怎麼說 존모숴 ᄒᆞᆫ다 브어시라 ᄒᆞᄂᆞ니 ○ 粗草 추찬

존쳐 ○ 夸奢 광차 것조 쳐 ○ 胡亂 후롼 간대로

佛類

神仙 신션 ○ 佛龕 불칸 부텨의 감실 ○ 佛經 불깅 ○ 把蓮 바련 부텨 안치

권화 ○ 佛冠 유관 즁들 誦經에 ᄡᅳᄂᆞᆫ 관 ○ 偏衫 편산 가사 ○ 衲頭 나투 누비 長衫

道袍 도팔 道士의 옷 ○ 念咒 넨젹 진언 닐르다 ○ 持齋 츠재 소ᄒᆞ다 ○ 墜鈴 쥐링

廟塔에 ○ 道場 도챵 뎡ᄂᆞ리 ᄂᆞᆫ 더 ○ 건믁 경

奇異部

醫巫部

神類

痘疹神 두진신 ||| ○ 瓦立媽 와리마 ㄹ 납널 ○ 竈君 조군 神竈 ○ 門 문

神 신 ||| ○ 又門排 ○ 獵神 렵신 之神 獵 ○ 山路神 산로신 神城隍 ○

鬼怪類

醜鬼 추귀 두역신 ○ 老女醜鬼 로녀추귀 계집귀신 ○ 狐魅 호미 이독갑 ○ 忌 기

諱 휘 || 하다 ○

醫治類

醫治 의치 병다스리다 ○ 藥方 약방 || 文 ○ 偏方 편방 加減藥方文 ○ 一帖藥 일첩약

혼겹약 ○ 下針 하침 침주다 ○ 送紙 송지 소지올니다 ○ 祝贊 축찬 소지올리비다

跳神 도신 送出祟 쉬 굿하여邪逐하다 ○ 擲膿 고름쏘다 ○ 按摩 안마 문지르다

技藝部

鬆(숭)快(쾌)了(랸) 넛적이 나다 ○ 全(쳔)愈(위)了 쾌복 ᄒᆞ다

賭戲類

替(티)攩(당) 대신 시기다 ○ 撈(랖)本(븐) 나기 셜치ᄒᆞ다 ○ 搖(얀)會(휘)、 去翎에 돈 너코 사슬 빠히

노는 돕 ○ 踢(티)行(힝)頭(투) 뎌이 ᄎᆞ다 ○ 踢毽(걘)兒(을) 돈뎌이 ᄎᆞ다 ○ 擺(뱨)馬(마)兒

목돈 더 쳐다 ○ 接(쟤)馬兒 쥭방울 맛다 ○ 洗(시)牌(패) 패 셕다 ○

戲具類

大(다)碁(키) 바독 ○ 象(샹)棋(기) 쟝기 ○ 骰(뎌)子(즈) ᄌᆞ사 ○ 骨(구)牌(패) 〃 ○ 紙(지)

牌 투젼 ○ 椿(쟝) 낙판 꼬는 것 ○ 背(븨)式(시)骨(구) 노름ᄒᆞ는 셔독 ○ 爆(팔)燁(쟝)

지 ○ 花(화)筒(퉁) 花砲 ○ 一(지)丈(쟝)花 층층이 ᄒᆞᆫ 花砲 ○ 行(힝)頭(투) 뎌이 ○ 毬(각)

즁 ○ 拋(포)羅(로) 이핑 ○ 毽(걘)兒(을) 이 돈뎌 ○ 風(붕)箏(즁) 연 ○ 打(다)鞦(칙)

居處部

蓮邊 그니 셔다 ○ 忽悠 흐유 ⺀ 亦洋圖 논그니 ○ 跳擺 탸배 繼 줄넘다 ○ 塔 탑

頭 두 탈 ○ 九連環 ○ 留客 ○ 鐵馬 兒 磬風 ○

城郭類

禁城 대궐 ○ 城甕圈 城甕 ○ 弔橋 드리 ○ 敵

場 더 ○ 土堡 토성 ○ 口子 어귀 ○ 籍貫 鄕貫 ○

街道類

衚衕處 참 ○ 串伏處 ○ 轉彎處 길모퉁이 ○ 岔 차

路口 어귀 ○ 牌樓 ○ 柵欄 문 ○ 衚衕 동구

腳踏石 ○ 路覺遠 못가 오되 가기 먼 길 ○ 路不覺

近 가기 머되 온 ○

宮殿類

匾額 편어 판현 ○ 品級山 품급산 牌 ○

壇廟類

斗頭 두공 대주 ○ 翹 교 楞 혀츨 ○ 天花板 텬화판 반자 ○ 槅扇 쑛그린 반자

장고 다모 ○ 姜磜 강찰 빗노흔돌 서드리 ○ 房門 방문 판장 문안 ○ 影壁 영비 판장 문밧

天窓 텬창 우리 리창 ○ 博縫板 박봉판 박공 널 ○

部院類

三法司 삼법스 刑部都察院大理寺 ○ 科道 과도 六科給事中衙門 ○ 道 도 各省監察御史衙門

堂 당 당상잇는 디 ○ 廳 텽 랑텽잇는 디 ○ 司 스 各部院書吏司 ○ 署 슈 辦理公事之所

科 코 書吏司之分掌也 ○ 科房 코방 各司文書收藏處 ○ 甲 房班聚之也 ○ 廠 찬 빈 지

고싼 ○氣筒기통 국대통기 ○局廠국창 各衛門之子司砲銃局未廠之類 ○兵馬병마

司사 各城兵馬指揮衛門 ○坊방 各城兵馬司指揮分管處 ○五城有二坊 ○衛위 衛門指揮使

所소 千戶衛門 ○宗人府종인부 掌皇親 ○左司좌사 分掌皇親之籍 ○右司우사

分掌右翼皇親之籍 ○經歷司경력사 掌宗人府事務 他衛門亦有之 ○內閣내각 掌數奏章本傳

宣皇旨 ○東閣동각 同上 ○典籍廳전적청 藏內閣圖籍 他衛門亦有之 ○票簽處표첨처

掌討簽所下皇旨於原奏本須發各科事 ○滿本堂만본당 掌清字繕寫 ○漢本堂한본당

掌翻清奏本 ○蒙古堂몽고당 掌蒙古回部翻清 ○稽察房계찰방 考察門關出

各部院之奏事件 ○誥勅房고칙방 掌誥勅 ○皇史宬황사성 藏宗室皇親譜牒及御本

中書科중서과 掌王公冊命文武官告身 ○奏事處주사처 掌出納內外奏聞事件 ○

批本處비본처 掌朱批奏本 ○軍機處군기처 總察機密事務 ○議政處의정처 ㅣ]

一○南書房(남서방) 翰林備諮覽于册 ○尚書房(상서방) 皇子讀書處 ○内繙書房(내번서방) 掌文書繙譯

房 掌翻譯清文及漢文告示處 ○吏部(리부) 11 ○文選(문선)清吏司(청리사) 掌文選告

進品級 ○考功(고공)清吏司 掌文官叙功議處事 ○稽勳(계훈)清

吏司 掌文官表制終養及改名立後等事 ○驗封(험봉)清吏司 掌文官封典及

吏存檔等事 ○司務廳(사무청) 辦理雜務三廳 ○各部院倣此 ○稽俸廳(계봉청) 稽察

俸祿錢糧會計事 ○督催所(독최소) 掌催督清文期限 ○各部院倣此 ○火房(화방) 辦備物件

之處 ○各衙門皆有之 ○戶部(호부) 11 ○江南(강남)清吏司(청리사) 掌江寧兵馬錢

糧等事 ○餘從省畧 ○井田科(정전과) 掌井田旗田事 ○捐納房(연납방) 掌捐納銀子

俸餉處(봉향처) 掌旗下祿俸錢糧等事 ○三庫(삼고)檔房(당방) 掌銀帛顔料三庫出入之數

錢法堂(전법당) 掌內外鑄錢事 ○寶泉局(보천국) 掌鑄寶泉錢 ○總督倉(총독창)

場창衙야門믄 (總管各省漕運及各倉錢穀) ○坐조糧량廳텅衙야門믄 (掌收漕運船價等事)

大대通통橋챠監잔督두衙야門믄 (掌點檢漕糧分票各省) ○禮례部부 || ○儀이

制지淸칭吏리司스 (掌朝會禮服及學校旌表等事) ○祠之祭지淸吏司 (掌祭

祀贈諡等事) ○主주客커淸吏司 (掌外國朝貢等事) ○精징膳산

淸吏司 (掌筵宴牲牢等事) ○本븐房방 (預備啓奏揩掌各衙門咨文之事) ○鑄주印인

局킈 (掌鑄印) ○行힝人인司스 (掌接待外國使臣) ○樂요部부 (掌樂音) ○和호

聲署슈 (掌演習音律等事) ○兵비部부 || ○武우選쇈淸칭吏리司스 (掌武官銓

選等事) ○職지方방淸吏司 (掌內外軍政及關口路引等事) ○車키駕갸淸吏

司 (掌各省驛站事務及火牌等料等事) ○武우庫쿠淸吏司 (掌內外軍丁戎器武試及徒配

等事) ○密미本븐房방 (掌軍中注來文書) ○館관所소 (掌驛站事務杠擡役等事) ○

塘務廳 掌各省撥汛等事 ○報房 掌謄出頒行文書傳報各省事 ○刑部 川 ○奉天清吏司 掌奉天府吉林寧古塔黑龍江及宗人府理藩院刑名事務 ○他省清吏司 掌省等檢屍等事 ○總辦秋審處 掌秋審事務 ○提牢廳 掌監獄出納衣食等事 ○當月司 掌文簿往來及

司獄廳 獄左廳 ○工部 川 ○營繕清吏司 掌宮殿城府壇廟倉庫營繕等事 ○虞衡清吏司 掌山澤採捕陶冶軍装量衡等事 ○都水清吏司 掌修造河工橋梁苍路船隻等事 ○屯田清吏司 掌陵寢理山陵及辦備柴炭等事 ○料估所 掌磨鍊各處營造事 ○寶源局 掌鑄錢源錢 ○街道廳 掌修治道路溝洫等事 ○理藩院 掌內外藩部法回番部事 ○旗籍清吏司 掌內外蒙古旗籍等事

王會清吏司 掌內外蒙古王貝勒朝覲封典等事 ○柔遠清吏司 掌喀爾喀

貢及制撰番僧朝貢祿俸等事 ○典屬清吏司(뎐쇽칭리ᄉᆞ) 掌外夷各番貢等事 ○徠遠(래원)清吏司 掌嗒嗒回子等事 ○理刑清吏司(리형칭리ᄉᆞ) 掌蒙古及番回刑罰等事 ○都察(도찰)院(원) 掌糾劾百僚整飭綱紀等事 ○都事廳(도ᄉᆞ텽) 掌收出門外照詳各照進呈等事 ○吏科(리과) 掌分諸起居注銷吏部文卷 ○戶科(호과) 掌分諸財賦注銷戶部文卷 ○禮科(례과) 掌分諸典禮注銷禮部宗人府理藩院太常寺光祿寺鴻臚寺國子監欽天監文卷 ○兵科(병과) 掌分諸戎政注銷兵部太僕寺鑾儀衛文卷 ○刑科(형과) 掌分諸刑名注銷刑部通政司使大理寺文卷 ○工科(공과) 掌分諸工程注銷工部文卷 ○京(경)畿(긔)道(도) 掌直隸盛京刑名稽察京官詳覆[illegible]改諸及內閣順天府等事 ○各道 [illegible]省等 ○中城察(즁셩찰)院 掌五城分立東西南北中五城察院各[illegible]內傳給事中及御史發門外巡察等事 ○中城兵馬司(즁셩병마ᄉᆞ) 五城各設兵馬司及指揮副指揮吏目等官掌該城五坊巡邏等事 ○坊(방)一 ○通政使司(통졍ᄉᆞᄉᆞ) 掌各省奏本登送內閣等事 ○鼓廳(고텽)衙門(아문) 掌擊鼓訴冤等事 ○大理寺(대리ᄉᆞ) 掌平反重[illegible]

辟科以武 ○太대常상寺 掌壇壝廟社中时祭祀未事 ○寺丞승廳 掌派差祭古友

贊禮未事 ○博박士사廳 掌祭祀时應行事件奏聞 ○典전簿부廳 掌祭祀时

應行文移○他衙門亦有之 ○神신樂악署 掌祭祀时礼樂 ○犧희牲생所소 掌祭祀时犧牲 ○

光광祿록寺 掌祭祀酒麵及燕饗食饌之需 ○大대官관寺 掌饍羞 ○珍진饈수署

掌雞鵝餅麵 ○良량醞온署 掌酒醴 ○掌醢해署 掌醯麵果蔬 ○太태僕복

寺 掌閑外厩馬之政 ○主주簿부廳 掌派出監牧古友本寺章奏文移○他衙門亦有之 ○翰한林림

院 掌國史國籍制誥文章未事 ○待대詔조廳 掌制誥謄書未事 ○起기居거注주

衙아門문 掌記起居及注 ○詹첨事사府부 掌東宮事務 ○春춘坊방 掌講筵及

記注纂修未事 ○司사經경局국 掌收經籍圖書 ○國국子자監감 掌國子學教 ○

彛이倫륜堂당 太學正厅 ○繩승愆건廳 掌督課諸生衆辯 ○辯변照조

處 掌授指刃學生帖文之事 ○ 御書樓(위슈루) 掌藏經書刊板 ○ 敬一亭(깅이딩) 藏歷代及國朝碑文

觽亭(샨) 學生習射之所 ○ 鴻臚寺(훙루스) 掌朝會禁祀贊儀排班呼唱 ○ 欽天監(킨텐깐) 掌測

候推步之法 ○ 司書廳(스슈틴) 掌造憲書 ○ 時憲科(시햔코) 掌推步曆七政之事 ○ 天文(텬운) 掌推

科 掌觀乩象占風雨擇時刻之事 ○ 漏刻科(루커코) 掌測中星 ○ 相距科(샹쥐) 掌推步日月

五星相距遠近 ○ 觀象臺(관샹대) 觀乩 ○ 壺室(후싀) 置漏壺壺室 ○ 晷影堂(귀잉당) 置量天尺 ○

太醫院(태이얀) ○ ○ 內務府(늬우부) 掌內務之事 ○ 廣儲司(광추스) 掌出納銀幣

造衣帽之事 ○ 會計司(회기스) 掌內府田園戶口差役之事 ○ 掌儀司(장이스) 掌內府典礼祭祀之樂

果之事 ○ 都虞司(두위스) 掌內府三旗兵丁訓鍊射獵之事 ○ 愼刑司(신힝스) 掌內府刑法之事 ○ 營(잉)

造司(잔스) 掌內府製造工匠陶冶之事 ○ 監造(간잔) 花爆處(화받추) 掌造烟火盒燈之物 ○ 慶豐司(칭븡스)

掌內府牛羊牧養之事 ○ 上駟院(샹스왼) 掌內府駝馬之事 ○ 奉宸院(봉쳔왼) 掌大內錫把以及耕耘之事

稻田廠(도전창) 掌宮院耕種等事 ○ 武備院(무비원) 掌製造軍器鞍氈帳幕等事 ○ 上虞備(상우비)

用處(용처) 齊辦仿款行圍時器械等事 ○ 養鷹鷂處(양응) 齊養鷹 ○ 養狗處(양구) 齊養狗

內府三旗驍騎營(내부삼기효기영) 掌內府三旗事務 ○ 內府三旗護軍營(후군) 掌內

府護軍等事 ○ 織染局(직염국) 掌織染綢緞絹綾等事 ○ 武英殿修書處(무영전수서) 齊

6 閱明圖示書之

辦刊製文字 刻印粧備等事 ○ 御書處(어서처) 掌印刻御書及春帖等事 ○ 中正殿(중정전) 念經處(념경) 齊

辦備喇嘛誦經事務 ○ 養心殿造辦處(양심전조판) 掌造大內器皿等事 ○ 玻璃廠(보리창) 辦造

琉璃器皿 ○ 輿圖房(여도방) 掌圖畫天下輿地 ○ 御藥房(어약방) 掌辦用藥餌 ○ 內膳房(내선방) 掌辦

御膳等物 ○ 外膳房(외선방) 掌辦酒菜等物 ○ 茶房(차방) 掌辦酪茶等物 ○ 清茶房(청차방)

掌辦應用茶菓等物 ○ 鑾儀衛(란의위) 掌鹵簿 ○ 馴象所(순상소) 共五所 ― ○ 鑾輿司(란여사)

掌車輅 ○ 馴馬司(순마사) 掌輦 ○ 弓矢司(궁시사) 掌弓矢戈杖 ○ 旌節司(정절사) 掌旌節

幡幢司 掌幡幢 ○扇手司 掌各樣扇傘 ○斧鉞司 掌金銀瓜

械等物 ○戈戟司 掌戈戟等物 ○擎蓋司 掌蓋幢等物 ○班劍司 掌瓜

纛等物 ○領侍衛內大臣處 掌侍衛差事 ○提督九門步軍

巡捕三營統領衙門 掌門禁鎖鑰統率八旗 ○值年旗

衙門 每年另差大臣一員專管一旗大小事務兼管八旗及各旗劃等事 ○都統衙門 掌滿

洲蒙古漢軍等事 ○前鋒統領衙門 掌左右翼前鋒等事 ○有左右翼門 ○護

軍統領衙門 掌八旗護軍等物 ○火器營衙門 掌火炮等事

健銳營衙門 掌健銳兵丁事務 ○東陵承辦事務衙門 掌東

陵祭奠加倍等事 ○西陵亦有之 ○奉使禮部 掌正書祝文兼加牛羊等事 ○各陵皆有之 ○

東陵工部 掌祭祀時旗年及陵上加等事 ○西陵亦有之 ○總管衙門 掌守

該陵寢○各陵皆有之○盛京三陵掌關防衙門 掌辦盛京陵寢祭物

物等事○各陵有之○辦蔘局 掌頒給蔘票收納揀蔘等○吉林烏喇寧古塔將軍所屬統衙門亦有之○

盛京戶部 一一一一亦有禮兵刑工四部○經會司 掌盛京戶部祿俸等事

粮儲司 掌盛京戶部米穀等事○農田司 掌田畝等事○中

江稅務監督衙門 掌盛京戶部所管中江沽集商賈及朝鮮貨物收稅等事○驛

站監督衙門 掌盛京兵部所屬馬等事○各驛皆有之○肅紀左司 分理盛京刑部刑罰

等事有左右前後四司○捕盜廳 一一○織造府 掌內用細假綾羅等事○黨

課司 收稅局所○分司 一一○茶馬司 掌外夷茶馬交易等事○學政

衙門 直隸各省文武秀才考試衙門○學院 外省秀才考試所○貢院 京城進士

生員秀才考試所○號房 貢院左右廂子製述之所○十八房 十八詩官之房○

收(슈)掌(장)所(소) 掌試所分卷收卷 ○ 彌(미)封(봉)所 監封試卷 ○ 謄(등)錄(록)所 掌試卷易書

對(되)讀(두)所 掌試卷較對 ○ 供(공)給(기)所 掌試所供給 ○ 角(고)樓(루) 貢院門四隅高樓 ○

糧(랑)廳(팅) 掌漕運通判厅 ○ 監(간)糧(랑)廳 掌各省漕糧斗量等事 ○ 水(쉬)利(리)廳 掌堤堰通判厅

河(호)廳 掌河工通判厅 ○ 河泊(버)所 掌漕運泊之所 ○ 達(디)運(윤)所 掌漕運達之之 ○

巡(쉰)鹽(얀)司(쓰) 掌禁私鹽 ○ 批(피)驗(얀)鹽引(인)所 掌各省票批驗鹽 ○ 國(궈)史(씌)館(관)

纂修國史 ○ 方(방)略(럐)館(관) 纂修平定叛逆記錄方略 ○ 玉(위)牒(뎨)館 纂修宗室 … 玉牒 ○

會(휘)典(단)館 纂修大清會典 ○ 律(뤼)例(리)館 纂修大清律法 ○ 則(저)例館 纂修各部院典例各衙門皆有之 ○ 篆(좐)字(즈)館 做寫衙製清書各體篆字 ○ 經(깅)咒(쥐)館 以清

書廣古籍字合寫傳經 ○ 三(산)通(퉁)館 纂修通志通典通考 ○ 三禮(리)館 纂修周禮儀禮曲禮 ○

禮(리)器(키)館 圖繪國朝祭器服色儀仗 ○ 一(이)統(퉁)志(즤)館 纂修山川疆里人物風俗等書 ○ 數(쑤)

習唐常館 敎習新進唐吉士肉傳書 ○會同四譯館 掌留接四國使臣翻譯之

出洛文及外国奏本 ○文穎館 纂修国朝詩詞文章 ○功臣館 纂修国朝功臣列傳

高麗館 留接朝鮮使臣 ○琉球館 留接琉球国人 ○俄羅斯館

留接俄羅斯国人 ○俄羅斯文館 學習俄羅斯文字 ○太學 ‖ ○官學

八旗王公諸子讀書之所 ○宗室學 宗室諸子讀書之所 ○覺羅學 覺羅諸子讀書之所 ○

幼官學 世襲幼官未出者於此習清語及武藝之所 ○回子學 學習回子文字言語之所 ○

唐古特學 學習唐古特文字之所 ○陰陽學 ‖ ○儒學 京外文武

學堂之通稱 ○義學 不受束脩訓誨學徒之所 ○洙泗書院 ‖ ○[illegible]

凡奈享所司及外賓支俸米 ○祿米倉 [illegible]俸祿在皇城內[illegible] 之所 ○[illegible]京亦有之

南新倉 ‖ ○舊太倉 ‖ ○富新倉 ‖ ○

興平倉||○海運倉||○北新倉||○

太平倉||○萬安倉||○裕豐倉||○儲濟

倉||○本裕倉||○官三倉 欽及諸般物種 內府三倉藏米 ○爐

倉 藏內府等獨糖之庫 ○像伙倉 藏內府名揚器皿 ○豐儲倉 藏內府估

領錢 ○常平倉 以利民生 貴糴賤糶 ○銀庫||○緞疋庫||

戶部 ○內務府亦有之 ○顏料庫 藏銅鐵香椅茶麻硃紅等物屬戶部 ○西十庫

西安門內 ○供用庫 收貯 內府顏料庫 入香燭 ○贓罰庫 收贓物

庫 屬戶部

贖錢 屬刑部 ○製造庫 件屬工部 ○節慎庫 盛京亦有之 製造內用物

出納工作所用 ○軍需庫 屬工部 ○火藥庫||○ 銀錢屬工部 製造軍器

盛京亦有之 ○官房租庫 收藏皮舍稅銀 ○內加篤庫 內藏皮 亦有之

外왜駕庫 藏宜華輅 ○廩릉給기연銀庫 藏口外蒙古王等年於時支給銀兩理藩院 ○

恩은賞샨銀연庫 收莊旗/分丢丁處銀每旗各有之 ○

室家類

正졍房방 샹방 ○廂샹房방 힝각 ○露루頂딩 힝각 곳히 지은 집 ○耳을房방 쳡방 ○照샤房 뒤ㅅ채 집 ○門믄面맨房 문산 집 ○明밍間깐 듄당 ○庫쿠房 고ㅅ방 又 자피방 ○

套토房 고ㅅ집 ○斜새房 겨낭 ○轉좐角끄房 모롱이 집 ○遊우廊랑 두로련 혼 집 ○

穿좐堂탕 두로통 혼 집 ○過꾸道단 안집 길 ○團퇀瓢퍈 우산각 ○平핑臺태 탄간 혼 놉흔 흘

戲히臺 희대 ㅅ뒤 ○柁토 보 ○托토樑량 장혀 도리 ○山샨柁 방듕 ○柱쥬 기동 ○

挂과柱 樑上短柱 ○排패山柱 듕깃 ○斗두拱공 대공 ○斜頂中중樑木무

挿차八바樑 듣ㅅ보 웃빈혀 ○中중樑 ㅅ보 ○檩린子즈 도리 ○ 듕깃ㄱ르ㅅ세 ○

頂隔 뎡거 반天 ○ 椽子 촨즈 혀 ○ 簷椽 얀촨 부연 ○ 連簷 련얀 뒤평고 ○ 瓦口 와쿠 연함 ○

望板 왕반 셔슬 ○ 房脊 방지 집므르 ○ 房頂 지 집웅 ○ 柳條笆 릭톄바 집우희 션바자

瓦隴溝 와룽두 지새 끝항 ○ 角门 갸믄 소잇문 ○ 便門 반믄 뎟문 ○ 垂花门 쥐화믄 우희 화초

작인문 ○ 風门 봉믄 지게 문엣밧 ○ 門總 믄촹 檻框 캰쾅 문얼굴 ○ 門檻 믄캰 지방 문人 ○

門枕木 믄젼무 에바친나모 ○ 門上鑲 믄샹쟌 문웃둔테 ○ 门下鑲 믄햐쟌 문아랫둔테

轉軸 좐젹 문장부 ○ 總上櫃鑲 촹샹흥쟌 창웃둔테 ○ 门扇 믄쌴 문장 ○ 過木 고무 문빗장목

門簪 믄잔 문우희련人봉나모 ○ 魚腮板 위새반 동지관 ○ 斜隔子總 셰거즈촹 빗긴살창 ○

月窓 웨촹 둥근창 ○ 推總 퉤촹 밀창 ○ 替窓 티촹 가창 ○ 總隔子 촹거즈 창살간 ○ 落 로

地明 디민 간막는판벽 ○ 暖閣 놘거 煥室 ○ 總戶臺 촹후태 창젼블 ○ 簾架 랸갸 발거

논거리 ○ 護總欄子 후촹란즈 역거창ᄀ리온것 ○ 不開的總 부캐디촹 븟박이창 ○ 遏 반

椎(챵) 리 마우 ○ 窗(촹)竪(슈)櫺(링) 창 세 살 ○ 窗橫(흥)櫺 창 마 긋 살 ○ 鐵(톄)鉤(구)搭(다)

이 갑 잡 ○ 挺(팅)鉤 쇠 들 ○ 鐵(톄)老(랖)鸛(관)觜(쥐) 부 비 ○ 釘(딩)吊(댶) 새 걸 ○

合(허)葉(여) 접 져 ○ 小(샾)合葉 접 ᄌ 져 ○ 筍(슌)子(즈) 부 장 ○ 筍孔(쿵) 구무 장 부 ○

地(디)脚(교) 정 디 ○ 山(산)墻(쟝) 방 화 ○ 山墻氣(키)眼(얀) 구무 화 방 ○ 簷(얀)墻 감 브 ○

地炕(캉) 흔구돌 ᄯᅡ 뭇고 노 ○ 彎(완)子炕 진 캉 구 비 ○ 炕洞(둥) 고래 구 돌 ○ 光(광)炕 노 봉

炕裡(리)邊(뱐) 스 목 캉 아 릭 ○ 牌(패)挿(차) 쟈 광 판 ○ 屋(우)內(늬)地(디) 쌀 안 ○ 竈(잪)喪(상)

기 부 념 ○ 竈臉(랜) 스돌 나 디 ○ 鍋(고)臺(태) 막 붓 두 ○ 燻(휜)架(쟈) 는 가 ᄌ 누 록 의 오

盌(완)架 간 사 ○ 暗(안)樓(루) 반 션 ○ 糠(캉)燈(둥)洞(둥)子 홀 구 ○ 烟(얀)洞 쇠 굴 ○

甬(융)路(루) 정 집 로 안 ○ 嚮(향)墻(쟝) 墻之不用泥土築以瓦甎成紋有孔者 ○ 籬(리)笆(바)栅(자) 울 섭 ○

整(졍)木(무)欄(란) 목 외 척 나 모 ○ 廠(창)院(웬)子(즈) 쌀 너 론 ○ 荊(깅)笆(바)墻(쟝) ᄌ 바 ○ 掛(괘)泥(니)

草찬 외얽는것 ○ 土투 窯얖 子즈 토굴 ○ 山샨 墻쟝 開개 門믄 房방 우흐로문변울 ○ [illegible]더

窨견 子 움집 ○ 花화 洞동 子 화초움 ○ 樺화 皮피 房방 봇ᄎᆞ로켠집 ○ 隔거 漏루 골창

에낙슈밧는머ᄲᅮᆨ ○ 馬마 台태 石씌 노두ㅅ돌 ○ 石 鼓구 墩둔 문지방세오는돌 ○ 水쉬 溝구

슈치 ○ 大다 溝 지천 ○

開閉類

展잔 開개 펄치다 ○ 捲쟌 簾랸 발것다 ○ 门문 走즈 扇샨 문질로열티다 ○ 堵두 塞서

아조막다 ○ 鎖소 住쥬 ᄌᆞ므다 ○ 下해 錢쳰 糧량 宮城門、ᄌᆞ므다

倒支類

從츙 上샹 吊댠 下해 ᄂᆡ려지다 ○ 從 高갇 處츄 [illegible]곤 下 구올러ᄂᆡ려지다 ○ 出츄 溜릭

즈츼여다 ○ 直자 溜 밋그러지다 ○ 歪왜 着죠 실리다 ○ 彎완 曲취 휘여굽다 ○ 坍단

產業部

塌다 무허지다 ○ 水支着 쥬괴오다

田地類

田地 뎐디 〃〃 ○ 香火地 향화 寺廟田 ○ 稻畦 도규 논 ○ 畦子 규즈 밧 ᄂᆞ믈 ○ 未 위

開墾地 개근 니로지 아니ᄒᆞᆫ 짜ᄒᆡ ○ 未割 위거 淨地 징 그르 남긴 밧 ○ 苗不全處 뫼부촨츄 곡식 못된 곳 ○ 壯地 좡디 쥬흔 ᄯᅡᄒᆡ ○ 薄地 보 쥬치아닌 ᄯᅡ ○ 荒地 황 ᄯᅡ거츤 ○

一繩 이승 田十丈為一〃 ○ 一畝 무 田廣三丈長十八丈為一〃 ○

農工類

開墾 개근 밧니로다 ○ 耙地 파 밤서흐레질ᄒᆞ다 ○ 開壠 룽 골ᄒᆡᆼ내다 ○ 一具 쥐 농겨리 ᄒᆞᆫ벌

糞土 분투 두험 ○ 下種 중 씨ᄲᅵ다 ○ 發芽 바야 삭나다 ○ 挑旗 토기 곡식 퓌다

作粒 조리 ᄡᆞᆯ비다 ○ 穗子 쉬 이삭 ○ 開花 화 이삭 피다 ○ 打包 다반 믈에 믈드다

穗子(쉬즈) ○ 下穗(하쉬) 고개 숙다 ○ 豆角(두갸) 고토리 ○ 黃疸(황단) 황드다 ○ 生膩(싱니) 蘊

벼 버레 나다 ○ 晒蔫(새냔) 곡식 너올 쁘다 ○ 打場(다장) 곡식 두드리다 ○ 收成(쉬청) 곡식 거두다 ○

農器類

犂杖(리장) 보십 ○ 犂 撥鈎(와구) 보십 섭히 갈고리 쇠 ○ 盪頭(당두) 墾土之器一背兩共者 ○ 耙(파) 써흐레

青箱(칭샹) 씨 담는 그릇 ○ 鋤頭(츄) 호뫼 ○ 鐮刀(랸닾) 낫 ○ 連耞(랸갸) 도리채 ○ 爬子(파즈)

갈키 ○ 掦磨子(개보) 매돌 ○ 水磨(쉬) 물매 ○ 碾子(냔) 매 ○ 杵(츄) 구울 절구 스고 ○

碓(뒤) 방하 ○ 石鐵(씨) ○ 臼子(꾸) 방하 확 ○ 碓 ○ 窩(워) 확 ○ 簸箕(보기) 키 ○ 篩(새)

羅(로) 체 ○ 扇車(산처) 곡식 부치는 풀위 ○ 大水車(다쉬처) 큰 물 자이 ○ 烏龍(우룽) 룡드래

轆轤(루루) 우물엣 자이 ○

割採類

掐取 캐취 ᄯᅡ다 ○ 拔草 바찰 풀뽑다 ○ 爬拉草 파라 풀그다 ○

收藏類

捡收 갼쉭 혼곳듸거두어담다 ○ 袖物 식우 ᄉᆞ매에녓다 ○ 揣着 쵀죠 품다 ○ 兜着 두죠 옷자락에ᄊᆞ다

扛擡類

擡着 태죠 드다 ○ 攙着 찬 셔붓드다 ○ 背着 븨 업다 ○ 手提 쇽틔 溜着 릭 드리위다 ○ 夾着 갸 집다 ○ 扛着 강 메다 ○ 往上起 왕상긔 치치다 ○ 頂着 딩죠 이다

碾磨類

碓搗 뒤댜 방하에씻다 ○ 搗米 미 쌀씻다 ○ 碾米 냔 쌀ᄆᆞ다 ○ 磨麵 모맨 ᄀᆞ르ᄆᆡᆫ드다

다 ○ 重즁斫쟉 다되

趕拌類

趕간麵면 국슈 미다 ○ 石研간 石碎쇄 숫무 으다 ○ 搓쵸 餑ㅂ 二 條됴 벅석부 다 ○ 攙찬 豆두 麵면

콩ᄀᆞᄅᆞ 석다 ○ 攙 雜자 여러가지 모도 석다 ○ 攙 和호 섯거 젓다 ○ 調됴 和 고로고로 ᄒᆞ다 ○

攪교 拌반 버무리다 ○ 攪교 拌 섯거버무리다 ○ 撦쳐 麵면 반쥭ᄒᆞ다 무루다

捆堆類

捆곤 子ᄌᆞ 크게 묶은 것 ○ 垛도 草초 집ᄯᅵ 다 ○ 堆퇴 木무 垛도 나모 가리다 ○ 劈벽 柴채

쟉 ○ 一이 堆퇴 ᄒᆞᆫ무덕이 ○ 長쟝 垛 길게 ᄡᆞᄒᆞᆫ 것 ○ 隔거 着죠 放방 어긋맛게 노타 ○

支ᄌᆞ 架가 버티워 ᄠᅥ오다 ○ 擱거 着 걸쳐 노타

買易類

生(셩)意(이) 흥졍 ○ 文(운)約(요) 면문 ○ 紅(훙)契(계) 인친 문셔 ○ 白(배)契 [illegible] 문셔 ○ 契

根(근) 본문셔 ○ 契尾(위) 시문셔 ○ 合(허)夥(호) 동모ᄒᆞ다 ○ 會(휘)票(퍄) 지시ᄒᆞᄂᆞᆫ 문셔ᄒᆞ다

一(이)樣 ᄒᆞᆫ동모 ○ 吆(얀)喝(허) 외여ᄑᆞ다 ○ 價(갸)値(재) 갑 ○ 價値相(샹)等(등) 갑샹

당ᄒᆞ다 ○ 價昂(앙) 갑과ᄒᆞ다 ○ 價落(로)了(랴) 갑ᄂᆞ리다 ○ 貼(톄)頭(투) 더음 우넘기 ○ 又

兌(뒤)換(환) 밧고다 ○ 倒(닾)騰(텅) 환매ᄒᆞ다 ○ 賬(쟝)目(무) 치부칙 ○ 便(폔)宜(이) ᄡᆞ다 ○

有(우)利(리)的(디) 리잇ᄂᆞᆫ 것 ○ 做(조)房(방) 션영산

衡量類

戥(등)子(즈) 젹은 저울 ○ 天(텬)平(핑) ㅣㅣ 저울 ○ [illegible](토)斉 저울 ○ 法(바)馬(마)斉 뎐평

錢(쳰)比(비)子(즈) 돈ᄭᅦ는 판 ○ 夾(갸)剪(쟌)力 은버히는 협도 ○ 壽(쥑)盤(판) 협판 ○ 金(찬)石(단)은 젹

열말 들이 ○ 金(긴)斗(두) 十八升 들이 말 ○ 板(반)斗 이십승들이 ᄉᆞᆼ말 ○ 柳(류)斗 오승들이 ᄉᆞᆼ말

米미漏루子즈 쌀쓰는 슈개 ○米미盪탕子즈 쌀미는 고리레 ○天텬平핑兌뒤 텬평으로 드ᄂᆞᆫ대

掂뎬估구輕킹重즁 무긔들어 개보다 ○漂퍞輕킹 부평ᄒᆞ다 ○盛쳥氣ᄎᆡ着쟈 잔득 담다

旲잰量량 수북히 되다

打牲類

打다牲셩 즘싱잡다 ○放방犬쵠撓쇼牲셩 개노하즘싱잡다 ○下햐網왕套톼 그믈과올감이옷다

下햐夾갸子즈 차ᄋ못다 ○打다住쥬了랖 즘싱치이다 ○下햐攔란河호網왕 후릿그믈치다

撈랖魚위 조앙이질ᄒᆞ다 ○篼두網왕中즁魚위 그믈에ᄭᅧ기ᄭᅥ내다 ○下햐赶간網왕 그믈

오고기모다 ○罩잪魚위 가리질ᄒᆞ다 ○攪걒水쉬嗆챵魚 믈흐리워고기잡다 ○魚

上샹餌을 고기인기무다 ○攬란牲셩 즘싱잘잡ᄂᆞᆫ이

打牲器用類

尖잔網왕 큰조앙이 ○ 順슌水슈網 큰그믈 鱣魚잡는 ○ 袖슈網 통그믈 ○ 把바網

적은조앙이 ○ 旋션網 효䆐잡고 고기잡는그믈 ○ 擡대網 바도 ○ 細셰絲ᄉᆞ黏잔網 깁드

레 ○ 黏잔網 블우희ᄯᅳ고 기잡는그믈 ○ 曾증網 네모지게 친그믈 ○ 魚쉬籪두子즈 ᄯᅥ내는 그믈

脚교船찬 빗니블에후릿 그믈치는나모 ○ 網眼안 그믈 눈 ○ 漂표兜두 그믈 져 ○ 掛과鉤구

오리낙시 ○ 倒도鬚슈鉤구 미늘 ○ 魚위罩잔 가리 ○ 魚籠룽 통바리 ○ 攔란魚

簰패子 어살 ○ 魚梁량 堰石障水以捕魚者 ○ 跑포鉤구 ○ 漂兜 낙시찌 ○ 叉차

魚下햐末무亮량子 거플엽슨나모 치고고기잡다 ○ 毒두魚藥요 플에투러고 기잡는약 ○ 捕부

蟹계誘유子 게잡는슈슈 이삭밋기 ○ 㗋해網 버믓레 ○ 頂뎡網 뫼초리잡는 무지개

打다鵰부鷹안的디套탈子즈 제유잡는 올감이 ○ 射셔鵰뵤的디窩요 수리쏘는 곧 ○ 唆츄

筒통 새잡는 불대 ○ 黏잔杆간子 새발붓쳐잡는 부리칠흔대 ○ 鳥냐媒믜子 미기흔새 ○

打鵮鷹的套子 새올감이 ○ 夾子 차 ○ 夾子嘴 차오고 동활

打雀鳥馬尾套子 새잡는총올감이 ○ 滾籠 새잡는롱것 ○ 地弩 새히뭇은소니

○ 打獾貉的木墩 오소리너구리잡는것 ○ 打獾的木筒子 오소리잡는퉁것

○ 打騷鼠的簰子 족졉이잡는박것 ○ 打騷鼠的綳子 족졉이잡는것

○ 鹿哨子 사슴혈시제부는것 ○ 口哨子 부는혈새

工匠器用類

風箱 풀무 ○ 銀罐子 은녹이는도간 ○ 銀模子 탈판 ○ 鐵榔頭 쇠몽동이 ○ 鐵砧子 모로 ○ 鉗子 집게 ○ 鐵銼 줄 ○ 錐子 장도리 ○ 折鏟 큰마치 ○ 小鏟子 져근마치 ○ 鑽子 쇠뚧는비뷔 ○ 釘帽子 광두뎡판 ○ 帽子窩 박은못조지는판 ○ 鋸 톱 ○ 小鋸 셕은톱

推鉋 퇴반 대패 ○ 錛子 븐 큰자괴 ○ 彎錛子 완 ᄂᆞᆯ휘온자괴 ○ 斧子 부 도치 ○
兩刃斧 량연 각괴 ○ 鏊子 조 살 ○ 鋼鏨 강잔 쇠버히ᄂᆞᆫ정 ○ 木磋 무초 한 ○ 馬牙
磋 마야 거음한 ○ 墨線 머쌴 먹줄 ○ 墨斗 머두 먹통 ○ 鑽 좐 비뷔 ○ 剜刀 완 우븨ᄂᆞᆫ칼 ○
劖刀 죠 刀刻 ○ 裁刀 채 짓칼 ○ 鰾鍋 뱌꼬 부레ᄉ도간 ○ 鰾棍 군 부레칠ᄒᆞᄂᆞᆫ막대 ○ 箭
子 쌴 가이 ○ 鍼 쳔 바ᄂᆞᆯ ○ 烙鐵 랖 짓인도 ○ 研刀 야 인도 ○ 錐子 쉬 송곳 ○ 環錐 환
휘온돗바ᄂᆞᆯ ○ 抹子 머 흙손 ○ 鐵鏨 톄잔 삽 ○ 鐝頭 궤 광이 ○ 尖鐝頭 쟌 곳광이
木杴 무햔 가래 ○ 千金 쳔긴 지레 ○ 脚手 갸쳑 부계 ○ 梯子 티 사ᄃᆞ리 ○ 蜈蚣梯 우궁
외나모사ᄃᆞ리 ○ 椿橛 좡궤 몰ᄉ독 ○ 又 못 ○ 雨點釘 유댼딩 광두정 ○ 棗核釘 잔후딩 두ᄭᅳᆺ샏못
蘑菇釘 머구 함박쇠 ○ 掛釘 과 曲釘 ○ 鍋子 궈 거멀못 ○ 鐵鏂 쇠구 쇠테 ○
綱軏子 강야 쇠광치ᄂᆞᆫ연장 ○ 熨斗 윤 다리우리 ○ 檑錛 뤼보 무ᄃᆞᆫ그ᄅᆞᆺ ○ 鉄鎚

뫼메 ○

貨財類

葉子金여즈긴 ||| ○ 菜金채 금 빗연 ○ 潮金잔 금 좀 ○ 成色金청서 준금 성수나

一卯錢이맢잔 錢五千六百으로二串謂之||| ○ 一串錢촨 一千 ○ 珍珠쥬쥬 쇼진쥬 대에나

映青잉칭 宝石之色藍者 ○ 映紅잉훙 宝石之色紅者 ○ 猫睛맢징 宝石之如猫眼者 ○

青金石칭긴씨 ||| ○ 綠松石루숭씨 ||| ○ 碧瑠砥비야시 宝石之醬色者 ○ 車쳐

磲쳐 자 개 ○ 祖母綠주무루 宝石之色綠者 ○ 瓷臘미라 || ○ 宝沙보사 정옥 ○ 硝子쌴즈

石 옥 번 ○ 琺瑯파랑 파란 ○ 定元子딩원 燒浙江硝用以燒琺瑯者 ○ 青坩土간투 쇠 ㄱ

릇끌민 드 소르른 흙 ○ 螺甸로뎬 ||| ○ 蛤粉거분 회사 ○ 紅銅훙퉁 구리 ○ 黃銅황퉁 놋 쥬

白銅버퉁 || ○ 青銅칭퉁 || ○ 響銅향퉁 소리나 는구리 ○ 錫시 텬빅 ○ 銅

烟火部

條鐵 탸텨 絲鐵 ○飛金 븨긴 金箔 ○羊皮金 양피긴 金皮 ○水錫箔 수시버 납 올린 ○

銀硃 인쥬 紅朱 ○兎腦砂 투노사 硃砂之異名者 ○箭頭砂 쟌두사 硃砂之産雲南者 ○

明黃 밍황 雄黃之明徹者 ○龍花靑 룽화칭 花靑 뎌 ○石靑 스칭 ○瀝靑 리칭 臺松脂

補貼磁器之破傷者 ○梅花靑 매화칭 靑二 ○松花綠 숭화루 靑三 ○松香 숭향 松脂 ○

棍子 쿤즈 黃杷 ○磺 황 石硫黃 ○硇砂 날사 硇砂

煙火類

爆炭 보탄 불똥 튀는 숫 ○鹿餅 루빙 달박은 숫 ○海燈 해등 羊角燈 ○天燈 텬등 장ㅅ대에 건 등

○朝燈 챠오등 大祀祭殿陛에 혀는 등 ○萬壽燈 완셔우등 정조에 비 ... 에 혀는 등 ○

慶成燈 킹칭등 新年에 혀는 羊角燈 ○鮑燈 번등 壇廟에 혀는 등 ○鰲山燈 오산등

料絲燈 랴쓰등 구슬로 얽은 등 ○琉璃燈 ... 살 접은 등 ○滿堂紅 만탕훙 紅燈

布帛部

쇼여럿 혀ᄂᆞᆫ등 ○廟光燈 먀광등 비로에 혀ᄂᆞᆫ등 ○河燈 호등 믈우희셔 ᄂᆞᆫ 蓮花燈、○이

欄杆燈 란간등 란간에 혀ᄂᆞᆫ등 ○撒欖燈 삼란등 비블룩 ᄒᆞᄂᆞᆫ등 ○手把燈 ᄌᆞ바등 조지잇ᄂᆞᆫ등

鐵燈 쇼등 쇠블에 박아 오ᄂᆞᆫ등 ○望燈 왕등 멀리보ᄂᆞᆫ등 ○蠟臺 라대 쵸ㅅ대 ○蠟剪 쵸ㅅ반

블ᄉᆞᆯ집 ᄂᆞᆫ가이 ○糠燈 강등 잠깨에 겨와섀 묵뭇친 몸지 ○燈几 등기 등잔거리 ○撥子 반ᄌᆞ

집ᄭᅳᆫ지 ○取燈 취등 블혀ᄂᆞᆫ 셕뉴황 ○火把 호바 홰 블 ○風筒 봉퉁 드르에셔 블브ᄂᆞᆫ것 ○

火鐮 호랸 부쇠 ○火茸 호융 부싯깃 ○把火 바호 부싀치다 ○烤火 캎호 블쬐다 ○

烤物 캎우 ᄆᆞᆯ믈에 쬐다 ○火燄 호얀 블ᄭᅩᆺ ○烟洞 얀둥 굴둑 ○倒風 닾봉 블내다 ○鍋煤 고믜

겁의양 ○火星兒 호싱을 블똥 ○

布帛類

整疋 징피 ᄌᆞ편 필 ○龍緞 룽단 룡문 단 ○蟒緞 망단 망룡 단 ○粧緞 좡단 ○百

花粧緞 화쟝 빅화문 쟝단 ○ 閃緞 산 ｜｜ ○ 碎花內 쉬 ㅈ문노흔 섬단 ○

片金 편긴 금션 단 ○ 鋪金緞 푸 金絲紅緞 蜜貢獻志 ○ 倭緞 워 ｜｜ ○ 花倭

緞 문노흔 왜단 ○ 漳絨 쟝융 승단 몸에 우단 ○ 補緞 부 문노흔 비단 금ㅅ로 흉비 노흔대단

金字緞 즈 금ㅅ로 글ㅈ 노흔대단 ○ 字緞 글ㅈ 문노흔대단 ○ 西番字緞 시반 ｜｜

｜｜ ○ 青素緞 수 紋緞 鴉青 無 ○ 石青 이 素緞 紋緞 石青 ○ 帽緞 만

｜｜ ○ 三則緞 산저 범의 등근화문 셋식노흔대단 ○ 新樣花緞 신양 새본으로 ㅈ은대단

羽緞 위 단 짓비 ○ 嗶嘰緞 비기 소옴치털로 ㅈ은대단 ○ 通海緞 퉁해 ｜｜ ○

線緞 산 합ㅅ로 ㅈ은대단 ○ 金絲緞 긴 금ㅅ로 ㅈ은대단 ○ 羅緞 로 깁ㅈ흔 대단 ○ 雲 윤

緞 운문 단 ○ 繭緞 쟌 山繭 ㅈ은대단 ○ 洋緞 양 ｜｜ ○ 彭緞 픙 ｜｜ ○

五絲緞 우스 ｜｜ ○ 八絲緞 바 ｜｜ ○ 宮紬 궁 宮紬 ○ 寧紬 닝 繭紬 合絲

紬ᄀᆞᆺᄒᆞᆫ되 젹이 柔ᄒᆞᆫ비단 ○ 龍룡寧녕紬쥬 룡문노 흔ᄒᆞᆫ紬 ○ 蟒망ᄒᆞᆫ紬 망룡문노 흔ᄒᆞᆫ紬、

補부ᄒᆞᆫ紬 흉비문노 흔ᄒᆞᆫ紬 ○ 綵ᄎᆡ紬 합ᄉᆡ로 ᄶᆞᆫ비단 ○ 通통海ᄒᆡ紬 ㅣㅣ ○

緜쥬紬 사주 ○ 春츈紬 방쥬ᄀᆞᆺᄒᆞᆫ되 고넙은비단 ○ 綿면紬 ㅣㅣ ○ [illegible]洛루

紬 ㅣㅣ ○ 繭견紬 生繭으로 ᄶᆞᆫ비단 ○ 紡방絲ᄉᆞ 방ᄉᆞ쥬 ○ 花화紡絲 문잇

ᄂᆞᆫ방ᄉᆞ쥬 ○ 綾릉子ᄌᆞ 릉 ○ 生ᄉᆡᆼ綾 ㅣㅣ ○ 生絹견 ㅣㅣ ○ 絹 깁 ○

杭항綃 타항 ○ 屯둔絹 통견 ○ 畫화絹 그림그리ᄂᆞᆫ깁 ○ 龍룡紗사 룡문

蟒망紗 망룡문사 ○ 粧장紗 ㅣㅣ ○ 補부紗 흉비문노흔사 ○ 硬잉紗 션사

[illegible]씨地디紗 사 ○ 直ᄌᆞ漏루地紗 성긘사 ○ 芝ᄌᆞ麻마漏地紗

방사 ○ 春츈紗 春紬ᄀᆞᆺ흔사 ○ 銀은條됴紗 성긔고 션사 ○ 帳쟝紗 민장

ᄃᆞᄂᆞᆫ사 ○ 羽우紗 ㅣㅣ ○ 葛갈紗 갈포빗ᄀᆞᆺ흔사 ○ 羅라 ㅣ ○ 哆도囉라呢니

놋등셕의소옴치로ᄡᅳᆫ닷 ○ 猩〻氈(잔) 〃 ○ 褐(해)子(ᄌᆞ) 허 ○ 夾(갸)道(도)子(ᄌᆞ)

(굵은 허ᄌᆞ) ○ 羢(융)緞 (마ᄂᆞᆫ 허ᄌᆞ) ○ 羊(야)緞 (조양뵈) ○ 氆(프)氌(루) (양의 털로 두ᄃᆞ리지게 ᄡᅳᆫ닷)

毯(탄)子 (털노 ᄡᅳᆫ담) ○ 葛(거)布(부) 〃 ○ 膠(갸)花(화)春(츈)布 (도화) ○ 祁(기)陽(양)

葛 (국히 가ᄂᆞᆯ고 희지 아닌 뵈) ○ 雙(솽)料(랸)葛 (굿두ᄃᆞᆫ 갈포) ○ 單(단)料葛 (굿ᄒᆞᆫ)

(ᄃᆞᆫ 갈포) ○ 草(찬)葛 〃 ○ 夏(햐)布 (뵈) ○ 春布 〃 ○ 高(과)麗(리)夏

布 (朝鮮모시) ○ 高麗布 (朝鮮무명) ○ 西(시)洋(양)布 〃 ○ 花

葛布 (포믜 반) ○ 印(연)花布 (포믜 화) ○ 洛(룽)布 (굵은 대포) ○ 翠(치)

藍(란)布 (감대포) ○ 佛(보)頭(두)青(칭)布 (마ᄂᆞᆫ 삼승) ○ 毛(모)書布 (두텁)

(삼승) ○ 油(우)紅(강)書布 (아청 삼승) ○ 藍(란)扣(쿠)布 (감 삼승) ○ 白(배)漂(팦)

布 (누은 삼승) ○ 油緞(둔)布 (마ᄂᆞᆫ 고ᄃᆞᆺ 거친 삼승) ○ 搭(다)連(랸)布 (켜련된 두ᄂᆞᆫ 대포)

細藍布세람부 ㅣㅣ ○三線布산션포 넙의너른대포 ○粗布추포 굵은대포 ○布

鼻副子비부ᄌ 뵈와비단넙의 ○灣子완ᄌ 귀진조각 ○機頭기두 화두 ○紬緞邊쥬단변

子ᄌ 식 ○舒展슈쟌 풀싀엇다 ○舊軟구완 풀긔업다 ○補丁條부뎡됴 비단오리 ○

隔背거븨 비졉흔것

絨棉類

絨線융션 부인실 ○球兒線쥬을션 굵은합사 ○綽子ᄎᄌ 플소옴 ○苧麻쥬마 뎨모시

檾麻킹마 어저귀 ○野麻여마 굵 ○絨亂융란 실언킈다 ○麻繩線마승션 노풀

됴 ○

采色類

葵黃귀황 연황식 ○金黃色긴황석 쥬황빗 ○鵝黃잉황 연쥬황빗 ○薑黃강황 ㅣㅣ ○

柿黃 〃 ○ 黃香色 〃 ○ 秋香色 쇠화 ○ 沉香

色 〃 ○ 嫩黃 져이누른빗 ○ 焦黃 노론빗 ○ 魚紅 져이븕은빗

水紅 븕으스러흔빗 ○ 銀紅 연水紅빗 ○ 粉紅 〃 ○ 火焰紅 진홍

桃紅 〃 ○ 紅靑 쇠 ○ 天靑 〃 ○ 石靑 〃 ○ 玫瑰

紫 짓흔조지 ○ 醬色 〃 ○ 棕色 〃 ○ 靑蓮紫 짓흔보라 ○ 藕

荷色 연보라ㅅ빗 ○ 淡白 희읍스러흔빗 ○ 雪白 눈ᄀᆞᆺ흔빗 ○ 葱白 ᄒᆞ다

月白 람빗 ○ 鸚哥綠 연초록 ○ 蘋果綠 〃 ○ 松綠 〃

水綠 〃 ○ 豆綠 〃 ○ 沙綠 연두록 ○ 油綠 〃 ○ 仙皮

綠 유박빗 ○ 淡黑 〃 ○ 墨色 〃 ○ 烏黑 심흑쇠 ○ 翠藍

연람 ○ 米色 〃 ○ 牙色 〃 ○ 灰色 〃 ○ 古銅色 〃 ○

衣飾部

駝도色씌 약대털ㅅ빗 ○ 鴨얀絨융色 駝짓色흔 ○ 茄계花화色 가지꼿빗 ○ 色涅녜
빗부희다 ○ 色暗안 빗칙칙ᄒ다 ○ 有와花的디 분잇는것 ○ 斑반斕란 어룽진빗 ○ 光광
輝휘閃샨ᄂ 광치번듯번듯 ○

紡織類

撣단棉면花화 소음튼다 ○ 捻냔線샨 실뵈다 ○ 拧닝繩승 노ᄭ다 ○ 綀쓰紂쥐子ᄌ
실부더 ○ 綵團퇀子 실뭉ᄐ샤리 ○ 打다綵단子 동다회치다 ○ 抄챠紙지 죠희ᄯ다
機기軸쥬頭두 도토마리 ○ 竹쥬簆쿠 (대)부디 ○ 梭소 북뵈 ○ 縱중線산 籰귀子ᄌ
어레 ○ 紡방車쳐 물레 ○ 㨫뎡桿간 가락 ○ 筷콰車的디 籰子 테지는어레

冠帽類

護후耳을帽뫄 귀덥는마흐리 ○ 寬콴沿얀帽 시울너른마흐리 ○ 凉량帽 량마흐리 ○

氈帽 감토 ○ 草帽 풀노끈 마흐리 ○ 帽 月綃 帽纓 圓鈢 ○ 皮馬虎

볼셰 ○ 女腦包 계집의 불셔 ○ 風領 풍챠 ○ 婦人遮膝草

子 婦人 면사 ○ 金佛頭 諸王의 관앏희 부친 佛 ○ 頂子 즈징 ○ 翎管

翎在 꼿눈 통 ○ 囊珠 념쥬 ○ 佛頭 념쥬 머리에 큰 구슬 ○ 佛臍 념쥬 가온딕 큰

구슬 ○

衣服類

補褂 흉븨 븟친 쿠리매 ○ 襖 동옷 ○ 襯衣 쇽옷 ○ 厚棉襖 핫동옷

單衣 홋옷 ○ 袷衣 겹옷 ○ 棉衣 핫옷 ○ 女圍腰 계집의 허리띄

兜〻 비부륵이 ○ 氈褂 담유삿옷 ○ 雨衣 유삼 ○ 帽罩 갓모 ○

圍脖 털옷깃 ○ 套袖 토슈 ○ 大襟 뎟자락 ○ 底襟 안자락 ○

衣前襟 이쟌긴 압셥 ○ 衩子 차즈 무 ○ 開騎 개끼 트ㄴ것 옷앏뒤 ○ 衣貼襒 쳬쟌 옷단 ○

褲襠 쿠당 고의밋 ○ 鈕子 부단 죠 ○ 鈕扣 쿠 암단 죠 ○ 衣服窄狹 부저하 옷좁다

衣服不隨身 부쉬션 옷맛지아니타 ○ 衣服可身 커 옷맛다 ○

巾帶類

帶板 대반 띄돈 ○ 折舌 저셔 띄혀 ○ 飄帶 쟌 ○ 手巾 셔긴 슈건 ○ 荷包 허반 주머니 ○ 火鐮包 호랸반 부쇠주머니 ○ 牙簽筒 야챤퉁 쵸어집 ○ 針扎 젼자 바늘머리 ○ 搭包 다반 젼대 ○

靴襪類

涉水皮靴褲 셔쉬피차쿠 믈건너는 皮바자 ○ 長靿靴 챵얀휘 청긴 휘 ○ 靿子 얀 휘두로기 ○ 皮襪頭 피와투 털버선 ○ 套褲 토 힌젼 ○

漢語抄		譯語類解	
清天	ᄆᆞᆰ은 하ᄂᆞᆯ	清天亮	하ᄂᆞᆯ 쳥명ᄒᆞ다(補 天文)
晨光	새벽빗	晨光現	먼동 트다(補 時令)
東方明	동트다	東開了	동트다(補 時令)
天大亮	하ᄂᆞᆯ 채 ᄇᆞᆰ다	天大亮	채 ᄇᆞᆰ다(補 時令)
昏暮	어둡다	해당항목	없음
晴明	일긔 쳥명ᄒᆞ다	해당항목	없음
日光轉射	日光之照此應彼者	해당항목	없음
日暖	일긔 ᄃᆞᄉᆞᄒᆞ다	暖和	ᄃᆞᄉᆞ다(上 氣候)
陰凉	ᄀᆞ리워 그늘진 ᄃᆡ	해당항목	없음
背陰	음달	해당항목	없음
日升	ᄒᆡ 도다 오ᄅᆞ다	日頭上了	ᄒᆡ돗다(上 天文)
日大斜	ᄒᆡ 매이 기우다	해당항목	없음
日珥	ᄒᆡ귀엿골	日環	ᄒᆡㅅ귀엣골(上 天文)
日暈	ᄒᆡㅅ모로	日暈	ᄒᆡㅅ모로(上 天文)
日食	ㅣㅣ	日飾	ㅣ(上 天文)
月朗	ᄃᆞᆯ ᄇᆞᆰ다	月明	ᄃᆞᆯ ᄇᆞᆰ다(上 天文)
月暗	ᄃᆞᆯ ᄒᆞ리다	月黑了	ᄃᆞᆯ 어둡다(補 天文)
月芽	초싱ᄃᆞᆯ	月芽	초싱ᄃᆞᆯ(補 天文)
上弦	쳣조금	上弦	쳣조금 (上 時令)
下弦	훗조금	下弦	훗조금(上 時令)
月圓	ᄃᆞᆯ 두렷ᄒᆞ다	月盈	ᄃᆞᆯ 두렷ᄒᆞ다(補 天文)

그리고 이 37개의 部를 다시 天文類 時令類 地輿類 帝王類 論旨類 등 약 235 여개의 類로 분류하여 놓았으나 中國語 單語를 滿州語로 註釋한 '淸語抄'(제2책의 끝 7장)만은 이러한 部類로 나누지 않았다. 이 部와 類의 분류는 다른 類書에 나타나는 분류에 비해 매우 정세한 것이다.

이 筆寫本은 編輯이 완료되지 않은 自筆原稿인 것으로 보인다. 왜냐하면 '漢語抄'의 부분에 漢字音 표기가 많이 생략되어 있다는 점, '淸語抄'가 제3책의 끝에 있지 않고 엉뚱하게 제2책의 끝부분에 있다는 점 등이 그러한 추정을 가능케 한다.

이와 같이 中國語와 滿州語에 관한 類書를 만들 수 있는 사람이라면 그는 譯學者일 것임에 틀림이 없겠으나 그 구체적인 인물이 누구인지는 알 수 없다.

이 책에 보이는 한국어의 표기에 口蓋音化가 거의 전면적으로 나타난다거나 語頭 된소리의 표기에 주로 ㅅ계 합용병서를 사용하고 ㅅ의 된소리에 ㅆ과 ㅄ을 쓰고 있는 것등으로 보아 이 필사본은 18세기 중기 이후에 이루어진 것으로 보인다. 『譯語類解』나 『同文類解』와 비교하여 볼 때에도 그 標題項目이 거의 새로워서 위의 책에 영향을 받았을 가능성은 매우 적다.

앞의 天文類에서 『譯語類解』와 몇 항목을 비교해 보면 그것이 『譯語類解』등과 표제어나 그 한글 풀이에 차이가 있음을 알 수 있을 것이다.

이 책은 語彙史 연구 및 滿州語 연구에 좋은 자료를 제공하여 줄 것이다.

『漢語抄』의 앞에 나오는 항목을 순서대로 몇 개만 비교해 보도록 한다.

漢語抄 解題

洪 允 杓

『漢語抄』는 中國語 단어를 한글 또는 漢文으로, 그리고 中國語 단어를 滿州語로 註釋한 譯學의 類書다. 天 地 人의 3책으로 되어 있는 서울대 奎章閣 所藏의 筆寫本이다. 序文이나 跋文이 없어 編纂年代 및 筆寫年代는 알 수 없다. 역시 編纂者도 알 수 없다.

이 책은 그 크기가 세로 31.2cm 가로 21.4cm 이다. 四周雙邊에 半葉匡郭은 세로 23cm 가로 17.6cm이다. 版心魚尾는 上二葉花紋魚尾인데 有界에 10행으로 되어 있고 1행은 25자 내외로 되어 있다. 한 행에 다시 雙行으로 쓰여 있다. 表紙題는 '漢語'이지만 首題는 '漢語抄'이다. 그러나 이 首題는 제1책에만 있을 뿐이다. 版心題는 없으며 張次도 표시되어 있지 않다. 天頭의 자리에 部名이 쓰이어 있으나 類名은 그렇지 않다.

제1책(天)에는 12개의 部를, 제2책(地)에는 15개의 部를(실제로 16개의 部일 것이나 맨 앞의 部名이 기록되어 있지 않다) 싣고 그 마지막에 '以下淸語抄'라 하여 '淸語抄'를 싣고 있다. 제3책(人)에는 10개의 部를 싣고 있다.

한자로 된 中國語 單語마다 그 오른 쪽에 그 俗音을 한글로 표기하고 그 아래에 한글로 된 韓國語 또는 漢文으로 뜻풀이를 해놓았으나 제2책의 뒤에 붙어 있는 '淸語抄' 부분에서는 漢字音은 표시하지 않고 한글로 전사된 滿州語로 뜻풀이를 하고 있다.

단어 또는 句의 의미에 따라 36개의 部로 나누었는데, 분류된 部를 보이면 다음과 같다 (그러나 제2책의 앞에는 그 部를 설정하지 않아서 모두 37개의 부류로 되어 있는 셈이다).

天部 時令部 地部 帝王部 諭旨部 設官部 政部 禮部 樂部 文學部 武功部 人部 器皿部 營造部 船部 車部 食物部 雜糧部 雜果部 草部 樹木部 花部 鳥雀部 獸部 牲畜部 鱗甲部 蟲部 僧道部 奇異部 醫巫部 技藝部 居處部 産業部 煙火部 布帛部 衣飾部